Kirsten Haake

Helma Steinbach 1847–1918

Eine Vorkämpferin für Gewerkschaft, Genossenschaft und Partei

Biografie

„Frau Helma Steinbach geht voran …"

HEINRICH-KAUFMANN-STIFTUNG

Herausgegeben von der Heinrich-Kaufmann-Stiftung
des Zentralverbandes deutscher Konsumgenossenschaften e.V.
Besenbinderhof 60, 20097 Hamburg, www.kaufmann-stiftung.de,
von der Gewerkschaft Nahrung-Genuss-Gaststätten
Haubachstraße 76, 22765 Hamburg, www.ngg.net
und von der Gewerkschaft ver.di, Landesbezirk Hamburg
Besenbinderhof 60, 20097 Hamburg, Web: http://hamburg.verdi.de

Abbildungen: Archiv der Heinrich-Kaufmann-Stiftung, Hamburg

Satz und Layout: Silke Wolf, Hamburg, grafik@hamburg.de

Herstellung und Verlag: BoD- Books on Demand, Norderstedt
2018

ISBN: 9783-7528-2318-9

Inhalt

Vorwort

Helma Steinbach ist eine der markantesten Frauen, die die Hamburger Arbeiterbewegung hervorgebracht hat. Mit nahezu unerschöpflicher Energie hat sie sich um die gewerkschaftliche Organisation der Frauen bemüht. Sie hat die Plätterinnen organisiert, eine besonders geschundene Gruppe unter den arbeitenden Frauen. Sie hat sich an die Spitze des Streiks der Plätterinnen gestellt, auch wenn sie überzeugt war, dass dieser Kampf zu früh kam und ohne entsprechende Organisation nicht gewonnen werden konnte. Sie hat auf dem ersten Gewerkschaftskongress nach dem Sozialistengesetz eine Resolution eingebracht, die die Gewerkschaften verpflichtete, auch die Frauen in ihrem Gewerbezweig aufzunehmen. Als mitreißende Rednerin war sie als Agitatorin für verschiedene Gewerkschaften und für die Sozialdemokratie tätig, vielfach auf dem Land in Schleswig-Holstein, aber auch im ganzen Reich, bis hin nach Elsass-Lothringen.

Mit der Gründung des Konsum-, Bau- und Sparvereins „Produktion" 1899 wurde sie Mitglied in dessen Aufsichtsrat, dem sie bis zu ihrem Tode angehörte. Sie war eine unermüdliche Werberin für die Genossenschaftsidee, der sie die Kraft zutraute, das Proletariat aus den Fesseln des Kapitals zu befreien.

Sie war der Kunst verpflichtet. Berichtet wird über Rezitationsabende, an denen sie ganze Theaterstücke vortrug mit bis zu 1000 Zuhörern. Sie war Mitbegründerin der Hamburger Freien Volksbühne und gehörte deren Vorstand an.

Ihr Todestag jährte sich 2018 zum einhundertsten Mal. Anlass genug, an eine Frau zu erinnern, die in Hamburg fast vergessen ist, aber nur fast. Ein Stein erinnert auf dem Friedhof der Frauen in Ohlsdorf an sie, in Wedel ist eine Wohnsiedlung nach ihr benannt, in Hamburg eine Straße und eine Altenwohnanlage. In Ottensen erinnert ein großes Wandbild an sie. Der Jahrestag gab auch das Motiv, diese Biografie herauszugeben. Wir sind Kirsten Haake sehr dankbar, dass sie uns den Text ihrer Examensarbeit überlassen hat, der hier veröffentlicht wird. An manchen Stellen merkt man der Schrift an, dass sie vor 25 Jahren verfasst wurde. Aber sie überzeugt immer noch durch die große Intensität der Quellenarbeit, die hinter diesem Werk steckt, insbesondere durch die überaus sorgfältige Aufarbeitung der historischen Polizeiakten über die Kontrolle der Arbeiterorganisationen. Ein Wort des Dankes soll auch den zahlreichen Polizisten gelten, die mit großem Fleiß nahezu jede Veranstaltung, an der Helma Steinbach teilgenommen hat, überwacht und darüber ausführliche Berichte verfasst haben. Sie hatten zwar nicht diese Absicht, aber sie haben sich um die Dokumentation der Geschichte der Arbeiterbewegung verdient gemacht. Helma Steinbach wiederum hat diese Überwachung in Kauf genommen, ja sie hat für ihre Überzeugung, für die Freiheit des Wortes sogar das Gefängnis riskiert.

Hamburg, Juli 2018

Michaela Rosenberger
Gewerkschaft Nahrung-Genuss-Gaststätten

Bertold Bose
ver.di Landesbezirk Hamburg

Burchard Bösche
Heinrich-Kaufmann-Stiftung

1. Einleitung

Sie trug gern auffällige Hüte, hielt von der Ehe wenig und wurde als stadt-bekannte Sozialdemokratin, die bei jeder wichtigen Versammlung anzu-treffen war, von der Politischen Polizei genau beobachtet. Die Hamburger Gewerkschaftsführerin, Sozialdemokratin und Mitbegründerin der Ge-nossenschaft „Produktion", Helma Steinbach, zählte zu den außerge-wöhnlichsten Frauen der Arbeiterbewegung im Kaiserreich. Mit ihrem Leben, ihrer politischen Arbeit und ihren Zielen beschäftigt sich diese Untersuchung.

Helma Steinbach mit Hut

Obwohl Helma Steinbach einstmals eine bekannte und ungewöhnliche Frau war und in vielen Bereichen für die sozialistische Arbeiterbewegung tätig war, ist sie heute fast vergessen. Dabei war sie eine der wenigen Frau-en im Kaiserreich, die politisch aktiv waren und auch Führungspositionen besetzten. Noch unter dem Sozialistengesetz schloss sie sich der sozialde-mokratischen Arbeiterbewegung an und nahm nach 1890 als Delegierte an mehreren Parteitagen der SPD teil. Beim ersten Kongress der freien Gewerkschaften 1892 in Halberstadt war sie Delegierte der Hamburger

Plätterinnen. Sie und drei andere Gewerkschafterinnen waren nur eine kleine Minderheit unter den gut 200 männlichen Delegierten. Es ist Helma Steinbach zu verdanken, dass der Kongress dennoch die Gewerkschaften verpflichtete, Arbeiterinnen als gleichberechtigte Mitglieder aufzunehmen. So legte sie den Grundstein zur Eingliederung der Arbeiterinnen in die freien Gewerkschaften.

Außergewöhnlich war auch, dass sich Steinbach nicht nur in Hamburg politisch engagierte, sondern als eine der prominentesten Agitatorinnen der Arbeiterbewegung durch ganz Deutschland reiste. Helma Steinbach kann als eine frühe Berufspolitikerin bezeichnet werden, wenngleich die rechtliche und soziale Diskriminierung der Frauen im Kaiserreich ihre Möglichkeiten, sich öffentlich zu betätigen und einflussreiche Positionen zu erlangen, radikal einschränkte. Nur die SPD hatte in ihrem Parteiprogramm die Gleichberechtigung verankert.

Neben der Agitation für die Gewerkschaften und die SPD machte sich Steinbach nach dem Hamburger Hafenarbeiterstreik von 1896/97 auch für die Genossenschaftsbewegung stark. Ihr Anteil an Gründung und Aufbau einer der erfolgreichsten Genossenschaften im Kaiserreich, der Hamburger „Produktion", ist heute kaum noch in Erinnerung.

Für die Lebensgeschichte Helma Steinbachs stellte sich zunächst die Frage, warum sie trotz kleinbürgerlicher Herkunft und ihrer Ehe mit einem Architekten den Weg in die sozialistische Arbeiterbewegung fand.

Die Schwierigkeiten und Erfolge, die sie als Frau in der von Männern dominierten Arbeiterbewegung, aber auch als streitbare Persönlichkeit zu bewältigen hatte, sollen im Verlauf der Arbeit untersucht werden, für die insbesondere die Akten der Politischen Polizei im Hamburger Staatsarchiv eine wertvolle Quelle waren.

Ein Schwerpunkt ist die Gewerkschaftsarbeit von Helma Steinbach. Wie entwickelte sich ihre Meinung zur Arbeiterinnenorganisation? Warum wurde sie von einer Befürworterin der Frauenfachvereine zur Vorkämpferin für die gemeinsame Organisation mit den Männern? Daran anschließend soll nachgezeichnet werden, welche Wege sie beim Aufbau der Gewerkschaftsbewegung nach dem programmatischen Beschluss zur gemischtgeschlechtlichen Organisation in Halberstadt einschlug und mit welchen Problemen sie sich konfrontiert sah.

Außerdem wird aufgezeigt, wie sie die Aufgaben der Gewerkschaften definierte. Davon ausgehend wird untersucht, wie sich aus diesem Selbstverständnis ihr Anschluss an den reformistischen Flügel der Arbeiterbewegung entwickelte und zu welchen Konflikten es zwischen von ihr vertretenen gewerkschaftlichen Positionen und der SPD kam.

Die Geschichte von Helma Steinbachs Tätigkeit im sozialdemokratischen Verein für den III. Hamburger Wahlkreis ist auch eine Geschichte vieler

Auseinandersetzungen, sowohl sachlicher als auch persönlicher Art. Anhand einiger Streitpunkte soll den Ursachen der Kontroversen nachgegangen werden.

Bei der parteipolitischen Arbeit stellte sich auch die Frage nach ihrem Verhältnis zur proletarischen Frauenbewegung. Steinbach war eine der wenigen Frauen innerhalb der Arbeiterbewegung, die in Opposition zur Frauenbewegung standen. Sie machte einen Unterschied zwischen gewerkschaftlichem und politischem Flügel der Frauenbewegung.

Ferner soll dem Problem nachgegangen werden, warum sie sich von einer entschiedenen Pazifistin zu einer Unterstützerin der „Burgfriedenspolitik" von Partei- und Gewerkschaftsführung im Ersten Weltkrieg wandelte.

So bekannt Helma Steinbach zu Lebzeiten war, wird ihr heute kaum mehr als eine Fußnote in der Geschichte der Arbeiterbewegung gewidmet. Ihr Anteil und der vieler Mitstreiterinnen beim Aufbau der Arbeiterbewegung ist in der Forschung bisher nicht sichtbar gemacht worden.[1]

2. Lebenslauf

2.1. Elternhaus und Ausbildung

Franziska Wilhelmine Steinbach, geb. Steiner, genannt Helma, stammte nicht aus einer proletarischen Familie, sondern aus kleinbürgerlichem Milieu. Sie wurde am 1. Dezember 1847 in Hamburg als zweites Kind von Betty und Georg Steiner geboren. Ihr wohl einziger Bruder kam auf See um. Die Eltern wohnten in der Marktstraße im Stadtteil St. Pauli. Durch das berufliche Scheitern des Vaters, eines Maklers, verarmte die Familie. Nur mit äußerster Mühe konnte der bürgerliche Schein aufrechterhalten werden.[2]

Darüber hinaus ist über ihre Kindheit, Jugend und Schulbildung nichts bekannt.[3] Helma Steinbach war gezwungen, einen Beruf zu erlernen. Sie

---

1 *Auch über das Leben anderer zu ihrer Zeit berühmter und einflussreicher Sozialdemokratinnen wie Emma Ihrer, Louise Zietz, Ida Altmann oder Ottilie Baader ist nur sehr wenig bekannt.*

2 *S 2009 „Personalien", 10.10.1891. HE Nr. 1, 1.1.1897. Vorwärts Nr.189, 12.7.1918. Alle Datumsangaben aus den Akten der Politischen Polizei beziehen sich auf den Versammlungsbericht, nicht das Datum der Versammlung, die meistens einen Tag vorher stattgefunden hatte.*

3 *S 2009 „Personalien", 24.2.1892.*

wurde Plätterin.[4] Ungeachtet ihrer bürgerlichen Herkunft, schloss sie sich in den achtziger Jahren ohne Vorbehalt der Arbeiterbewegung an. Nie ließ sie bei ihrer Agitation durchklingen, dass sie eigentlich aus dem Bürgertum kam oder dass sie ihre Zugehörigkeit zur Arbeiterklasse als einen Abstieg empfand. Sie war offensichtlich stolz darauf, der modernen Arbeiterbewegung anzugehören. Auf Versuche bürgerlicher Einflussnahme reagierte sie sensibel und selbstbewusst.[5]

2.2. Eine kurze Ehe und eine langwierige Scheidung

Mit 25 Jahren heiratete Helma Steiner am 23. November 1872 den Architekten[6] Georg Wilhelm Gottlieb Robert Steinbach. Die Trauung wurde von Pastor Sonnekalb in St. Pauli vollzogen. Aber schon nach drei Monaten war die Ehe so gut wie beendet.[7] Georg Steinbach hatte seiner Frau, wie er sogar schriftlich zugab, „genügend Veranlassung zur Unzufriedenheit gegeben", so dass sie allen Grund hatte, „die gemeinsame Wohnung zu verlassen". Diese erste Trennung war nur von kurzer Dauer. Helma Steinbach kehrte bald wieder zu ihrem Mann zurück. Der zweite Versuch, zusammenzuleben, endete im Juni 1873 mit der beiderseitigen Einsicht, dass ein Fortführen der Ehe ein „Unglück" wäre. Georg Steinbach erklärte sich mit einer vorläufigen Trennung für fünf Jahre einverstanden und gestattete seiner Frau, „nach Ablauf von 8 Tagen die gemeinschaftliche Wohnung zu verlassen". Gleichzeitig versprach er „zu ihrem Unterhalte die Zahlung von 14 M monatlicher Alimente". Er selbst verlegte seinen Wohnsitz nach Berlin.

Als Helma Steinbach die ausbleibenden Unterhaltszahlungen anmahnte, zog ihr Mann seine Trennungserlaubnis zurück. Allerdings machte er weder Angaben über die Form des zukünftigen Zusammenlebens, noch schickte er Geld für die Reise nach Berlin. Dass seine Frau unter diesen Umständen nicht zu ihm kam, nahm er zum Vorwand, wegen „böslicher Verlassung" die Scheidung einzureichen.[8]

---

4   V 228, 27.3.1890. Zum sozialen Status des Plätterinnen-Berufes. vgl. Kapitel 4.1.8. .

5   Vgl. Kapitel 2.4.3. und 2.5.5. .

6   In der Scheidungsakte (siehe Anm. 6) ist als Beruf Georg Steinbachs Architekt angegeben, später (vgl. S 2009, 24.10. 1891) heißt es, er sei Zeichner für die BauDeputation.

7   Für alle folgenden Angaben über die Ehe, Aussagen Georg Steinbachs und den Scheidungsprozess, vgl. S 2009, 11.3.1899, Abschrift der Scheidungsakte des Königlichen Stadtgerichts, Berlin, Abteilung für Civilsachen, Deputation für Ehesachen. Die Akte wurde von der Hamburger Polizeibehörde angefordert, weil „ein Interesse besteht, die Ehescheidungsgründe zu kennen."

8   Im Widerspruch zur Akte des Berliner Stadtgerichts steht Steinbachs spätere Aussage (vgl. S 2009, 7.12.1891), dass sie selbst die Scheidung eingereicht habe.

Ein gerichtlich erzwungener „Sühneversuch" durch einen Pastor am 15. Dezember 1874, brachte kein Ergebnis. Am 13. September 1875 wurde die Ehe geschieden. In dem Urteil wurde Helma Steinbach „für den allein schuldigen Theil" erklärt, mit der Auflage, die Prozesskosten zu tragen. Begründet wurde das Urteil nicht. Das Gericht hatte scheinbar die Darstellung Georg Steinbachs ungeprüft übernommen.

Mit dieser Entscheidung wollte sich Helma Steinbach nicht abfinden. Als schuldig geschiedene Frau hatte sie keine Unterhaltsansprüche. Ihr musste es daher als besondere Ungerechtigkeit erscheinen, dass ihr auch noch die Prozesskosten aufgebürdet wurden. Mehr noch als die materielle Situation waren es wohl vor allem ihr ausgeprägter Gerechtigkeitssinn und der ihr eigene bisweilen in Rechthaberei ausufernde Kampfgeist, mit denen sie später ohne Rücksicht auf persönliche Nachteile für ihre sozialen und politischen Ideale eintrat, die sie zu einem für diese Zeit ungewöhnlichen Schritt veranlassten: Helma Steinbach focht das Urteil an.

Damit begann für sie ein zermürbender und lang andauernder Kampf um Gerechtigkeit. In der Revision konnte sie eine Teilung der Prozesskosten durchsetzen, weil das Gericht daran zweifelte, dass die Klägerin ihren Ehemann wirklich böswillig verlassen hatte. Das Gericht erkannte vielmehr, es läge „im Gegenteil der Verdacht vor, daß Kläger die bösliche Verlassung nur vorgibt, um überhaupt eine Trennung der Ehe herbeizuführen". Georg Steinbach hatte erst nach Beginn des Prozesses eine größere Wohnung gemietet und seiner Frau 20 Mark für die Reise geschickt. Das Gericht konstatierte daraufhin „keinen ernstlichen Willen" zur Fortsetzung der Ehe, betonte aber gleichzeitig, dass Georg Steinbach durchaus das Recht gehabt habe, seine Erlaubnis zum Getrenntleben zurückzuziehen.

Im dritten und letzten Teil des Scheidungsprozesses wurde Georg Steinbach schließlich zur Übernahme aller Prozesskosten verurteilt. Doch eine entscheidende Genugtuung blieb Steinbach versagt; das Urteil über sie als der schuldige Teil blieb bestehen.

Die sich über fast vier Jahre hinziehende Scheidungsprozedur zeigt die damals typische Einstellung der Justiz zur Frau. Eine Frau konnte von der Justiz keine Gleichbehandlung erwarten, da durch das bürgerliche Recht die untergeordnete Stellung der Frau gegenüber ihrem Vater oder Ehemann festgeschrieben war.[9] Ehescheidungen wurden mit der Begründung erschwert, „der fortschreitenden Auflösung der Familie entgegentreten und die Familie neu festigen" zu wollen.[10] Die Institution Ehe war und ist

---

9   Ute Gerhard: *Verhältnisse und Verhinderungen. Frauenarbeit. Familie und Rechte der Frauen im 19. Jahrhundert.* Frankfurt 1978, S. 188.
10 August Bebel: *Die Frau und der Sozialismus,* Frankfurt 1985, S. 148.

heute noch der Kern der bürgerlichen Gesellschaft und durfte daher nicht angetastet werden. Vor diesem Hintergrund erscheint die Entscheidung Steinbachs, über mehrere Instanzen für ein gerechtes Urteil zu kämpfen, besonders mutig.

Die Hemmschwelle für eine Frau, die Scheidung einzureichen, lag ungleich höher als für einen Mann. Dieses Problem wurde von Bebel in seinem, von Sozialdemokratinnen und Sozialdemokraten viel gelesenen Buch „Die Frau und der Sozialismus" beschrieben : „In der Regel wird die Frau nur in Fällen schwerster männlicher Untreue oder Misshandlung sich entschließen, die Scheidung zu beantragen, weil sie meist in einer materiell abhängigen Lebenslage sich befindet und gezwungen ist, die Ehe als Versorgungsanstalt anzusehen; dann weil sie sich als geschiedene Frau gesellschaftlich in keiner beneidenswerten Lage befindet." [11]

Aber auch in einer Ehe befand sich eine Frau nicht unbedingt in einer beneidenswerten Lage. Ute Gerhard stellt fest: „... es gilt daher, dass die bürgerliche Eheform vorzüglich dazu geeignet war, die Frauen durch die Unterwerfung unter ein ‚privatrechtliches Gewaltverhältnis' von der allgemeinen Rechtsentwicklung auszuschließen. ... Seit Mitte des 19. Jahrhunderts diente die Entwicklung eines spezifisch bürgerlichen Familienrechts dazu, die Frauen auf allen Gebieten zu benachteiligen".[12] So durfte eine Frau beispielsweise nur mit Zustimmung ihres Mannes einer Erwerbstätigkeit nachgehen.[13]

Die Scheidung wurde aber nicht nur hinsichtlich der Erkenntnis über die rechtliche Diskriminierung der Frau zum Schlüsselerlebnis für Helma Steinbach. Der erzwungene „Sühneversuch" durch die Kirche begründete Steinbachs ablehnende Haltung gegenüber Kirche und Religion. In einer öffentlichen Versammlung des Freidenker-Vereins gab sie Jahre später eine dramatische Schilderung des „Sühneversuchs":[14]

„Es sei dann die Sühne durch die Kirche angeordnet und sie sei zu einem Pastor bestellt worden, wohin sie den Revers [in dem ihr Mann sein schlechtes Verhalten zugegeben hatte] mitgenommen und den Pastor gebeten, er möge Kenntniß davon nehmen, derselbe habe geantwortet: ‚Was soll ich daran sehen, ich kriege ja nichts dafür; ich habe nur zu fragen, ob sie zurückkehren wollen oder nicht, zu anderen Sachen habe ich keine Zeit.'

Als sie nicht gleich geantwortet, sondern angegeben, sie wolle erst mit ihrem Advokaten sprechen, denn sie kenne das nicht, habe der Pastor ein

---

11   Ebd., S. 150. Vgl., Evans: Frauenemanzipation. S. 40, zur Verbreitung von Bebels Werk.

12   Gerhard, S. 181 und S. 186.

13   Ebd., S. 188.

14   S 2009, 7.12.1891. Vgl. auch Kapitel 5.5. zum Umgang Steinbachs mit Religion und Kirche.

wahres Wort ausgesprochen, indem er sagte: ‚Wenn sie zum Pastor gehen, müssen sie ihren Verstand zu Hause lassen und nur das Herz mitbringen,‘ dieses sei eventuell das einzige wahre Wort, was er je gesprochen.

Der Pastor, ein baumlanger Kerl, sei dann auf sie zugekommen und habe gesagt: ‚Scheren sie sich zum Teufel.‘ Wenn ihr dieses heute passiere, hätte der Mann Ohrfeigen bekommen. Es sei dann ein 2ter Sühneversuch der Kirche angeordnet, sie sei aber nicht selber hingegangen, sondern habe einen alten Lehrer hingeschickt, derselbe habe ihr den Bescheid gebracht, wenn sie nicht komme, werde sie durch die Polizei geholt. Letzteres sei dann durch einen Polizisten in Civil ausgeführt.

Sie habe den Mann gebeten, er möge vor der Thür warten, während sie beim Pastor drinnen sei, damit er ihr zu Hülfe kommen könne, wenn sie Mord schreien müsse. Dieses Mal sei der Pastor sehr liebenswürdig gewesen, aber sie habe sich auf nichts eingelassen.“

2.3. „Heiraten Sie alle nicht!“
Das soziale Stigma, eine geschiedene Frau zu sein

Helma Steinbach fand sich nach ihrer Scheidung in einer schwierigen Lage wieder. Als geschiedene Frau war sie gesellschaftlich degradiert. Durch das Urteil hatte sie keinen Anspruch auf Unterhalt und musste ihren Unterhalt selbst bestreiten. Dabei waren die Möglichkeiten für eine Frau, einen Beruf auszuüben, äußerst begrenzt. Außerdem lagen die Frauenlöhne meist unter dem Existenzminimum.[15] Darüber hinaus weigerten sich nach ihren Angaben viele Arbeitgeber, eine geschiedene Frau zu beschäftigen.[16]

Ihr Verdienst als Schneiderin belief sich nur auf 9 bis 10 Mark pro Woche. Den restlichen Lebensunterhalt bestritt sie vermutlich von den Einnahmen aus ihrer Tätigkeit als Vorleserin und Agitatorin.[17]

Noch mehr als 15 Jahre nach ihrer Scheidung, als sie sich in der Arbeiterbewegung bereits einen Namen gemacht hatte, bot ihre Stellung als geschiedene Frau Anlass zur Diffamierung. So hörte Schutzmann Jochum in einer Versammlung das Gespräch zweier Sozialdemokraten, die sich dahingehend äußerten, dass Steinbach „das Wort in einer solchen Veranstaltung nicht mehr ertheilt werden soll, weil sie in ihrer Partei hierdurch mehr Nachtheil als Vortheil erziele ... es sei doch schrecklich von ihrer

---

15 *Niggemann, S. 124.*

16 *S 2009 „Auszüge aus den Versammlungsakten“, 5.12.1891. Im Folgenden zitiert als „Auszüge“.*

17 *S 2009, 26.6.1893, Bericht von Schutzmann Sokolowski. Vgl. auch Kapitel 2.4.1. zum Einkommen aus ihrer Referententätigkeit.*

Partei, dass eine Frau, wie Frau Steinbach, die schon eine solche Vergangenheit hinter sich habe und ihre Vergangenheit überall bekannt sei, in eine solche Versammlung als Rednerin geschickt werde".[18]

Für die Arbeiterschaft ebenso wie für die meisten der Hamburger Arbeiterführer war „gediegene Bürgerlichkeit" [19] das gesellschaftliche Leitbild. Deshalb war die nicht durch eine Heirat legitimierte Beziehung von Adolph von Elm und Helma Steinbach für Teile der Sozialdemokratie ein Stein des Anstoßes.[20]

Zum Entsetzen von Genossen und den überwachenden Polizisten verschwieg Helma Steinbach ihre „Vergangenheit" nicht schamhaft, sondern warnte die Frauen und Mädchen in einer öffentlichen Versammlung der Freidenker Gesellschaft sogar: „Heiraten Sie alle nicht!" [21]

Nach dem zermürbenden Scheidungsprozess stand Steinbach der Ehe also kritisch gegenüber. Ganz verdammte sie den Bund fürs Leben allerdings nicht, vielmehr propagierte sie - im Vorgriff auf die künftige sozialistische Gesellschaftsordnung - eine Partnerschaft von Gleichberechtigten. Nur wenn die jungen Mädchen darauf achteten, dass der Partner aufgeklärt war, so dass beide sich „gemeinschaftlich als gleichberechtigte Genossen" ansahen, konnte Steinbach der Ehe für die jüngere Generation einen positiven Aspekt abgewinnen. Sie orientierte sich dabei an Bebel, demzufolge ein „Bund aus Neigung" nach der sozialen Revolution die Ehe ersetzen sollte. Diese sei durch das kapitalistische System entstellt.[22]

2.4. Vom Kleinbürgertum in die Arbeiterklasse

2.4.1. Erwerbstätigkeit als Schneiderin und Vorleserin

Ihren Lebensunterhalt verdiente sich Helma Steinbach nach ihrer Scheidung als Näherin für Privatkunden. Außerdem arbeitete sie in bürgerlichen Häusern wie auch in Zigarrenmacherbuden als Vorleserin. Durch ihre Tätigkeit als Schneiderin lernte sie die schlechten Arbeitsbedingungen von erwerbstätigen Proletarierinnen und die Arbeiterbewegung ken-

---

18   *S 2009, 6.3.1894. Es handelte sich dabei um eine Versammlung der Antisemiten.*

19   *Kutz-Bauer: Arbeiterschaft, S. 438.*

20   *S 2009, 1.10.1891. „Die Steinbach scheint sich einer großen Beliebtheit bei den hiesigen Führern der Sozialdemokratie nicht zu erfreuen, denn es herrscht Aergerniß, daß der Cigarrenarbeiter v. Elm Umgang mit derselben hält."*

21   *S 2009, 7.12.1891.*

22   *Bebel, S. 51ff. Eine kritische Betrachtung von Bebels Ansichten findet sich bei Evans: Frauenemanzipation, S. 46ff. Steinbach zum Thema Ehe: vgl. V 327-28, 11.2.1891 und V 334a, Bd. 4, 29.7.1892.*

nen. In einer Versammlung der Freidenker-Gesellschaft sagte sie, sie sei nicht als Sozialdemokratin geboren, sei es aber durch diese Sache ganz geworden.[23]

Vorleser bei der Zigarrenproduktion

In den achtziger Jahren, als Steinbach sich der Arbeiterbewegung anschloss, war die SPD die einzige Partei, die Interesse an der Mitarbeit von Frauen hatte. Die Frauenvereine leisteten unter dem Sozialistengesetz ihren Beitrag zum Überleben der Partei.[24] Nur dort konnte Steinbach auch mit Anerkennung ihres unermüdlichen Einsatzes rechnen, der in bürgerlichen Kreisen vermutlich nicht gefragt war.

2.4.2. Das Verhältnis zu Adolph von Elm

Helma Steinbach lernte den Zigarrensortierer Adolph von Elm (27.9.1857 - 18.9.1916) in den achtziger Jahren kennen. Er war zu diesem Zeitpunkt schon eine bekannte Persönlichkeit in der Hamburger Arbeiterbewe-

---

23 S 2009, 7.12.1891.
24 Kutz-Bauer: Arbeiterschaft, S. 234ff.

gung.[25] Helma Steinbach wurde von dem zehn Jahre jüngeren, in der Gewerkschaftsbewegung erfahrenen von Elm stark beeinflusst. Dies wird besonders in ihren frühen Reden deutlich, in denen sie von Elm zum Teil wörtlich zitierte.[26] In einem Artikel zum Neutralitätsstreit in den Sozialistischen Monatsheften bezog sie sich ausdrücklich auf den „Genossen v. Elm".[27] Steinbach scheute sich allerdings nicht, gegen von Elm Stellung zu beziehen. Wenn sie anderer Meinung war, widersprach sie ihm auch öffentlich.[28]

Adolph von Elm

25   *Von Elm war Mitbegründer des 1876 gegründeten „Cigarrensortiererbundes Hamburgs und Umgegend". Um seiner drohenden Ausweisung unter dem Sozialistengesetz zuvorzukommen, ging er Anfang der achtziger Jahre für einige Zeit in die USA und nach England. In England lernte er die Genossenschaftsbewegung kennen. Von 1890 bis 1896 war er Mitglied der Generalkommission der Gewerkschaften und von 1893 bis 1906 Reichstagsabgeordneter für den Wahlkreis Pinneberg. Vgl. Sywottek: „Der einzig richtige Gradmesser für die Macht der Arbeiterklasse sind ihre Organisationen", in: Plagemann, S. 161-165.*

26   *Kutz-Bauer: Arbeiterschaft, S. 240.*

27   *SMH IV. Jg. (August 1900), S. 489.*

28   *Fachzeitung für Schneider Nr. 29, 15.7.1897. V 350 Bd. 1, 30.10.1892.*

Nach dem Fall des Sozialistengesetzes traten beide regelmäßig gemeinsam in öffentlichen Versammlungen als Redner auf.[29] Steinbach und von Elm wohnten im Stadtteil Eimsbüttel nur wenige hundert Meter voneinander entfernt. Sie hatte eine Wohnung in der Schäferstraße 19, er in der Weidenallee 7.

Nicht nur in der Arbeiterbewegung war die Beziehung der beiden bekannt. Auch die Polizei interessierte sich dafür, „daß die Steinbach mit dem Geschäftsführer des Freundschaftsbundes der Cigarrensortierer v. Elm ein intimes Verhältnis zu haben scheint". Sie konnte aber nichts weiter feststellen, außer „daß derselbe öfters zu später Abendstunde in der Wohnung der Steinbach aufhältlich ist".[30] Etwa Mitte der neunziger Jahre zog von Elm ebenfalls in die Schäferstraße 19.[31]

Schäferstraße 19 war die Adresse der Tabakarbeitergenossenschaft,
deren Geschäftsführer von Elm war.

Das bedeutete aber nicht, dass von Elm sich leicht über Konventionen hinwegsetzte. Tatsächlich war es ihm wohl teilweise unangenehm, in Beziehung zu Steinbach gebracht zu werden. Auf Angriffe gegen ihn und Steinbach in einer öffentlichen Sitzung des Gewerkschaftskartells antwortete er: „Stolten sagt: Frau Steinbach und ich hätten schon jahrelang das Echo verhetzt, na ich bin ja mit Frau Steinbach nicht verheiratet." Diese Aussage löste beim Publikum nur ein „Lachen" aus.[32] Dass die beiden nicht verheiratet waren, war ebenso bekannt wie die Tatsache, dass sie dennoch zusammenlebten.

Da Steinbach und von Elm wegen ihrer reformistischen Einstellung um die Jahrhundertwende viel Kritik auf sich zogen, wurde auch in den Kneipen über sie geredet. Zusammen mit dem politischen Standpunkt verurteilten sozialdemokratische Arbeiter auch die nicht-eheliche Lebensge-

29   So zum Beispiel: V 327-1, 20.4.1891 (Schuh- und Schäftebranche). 15.7.1891 (Freiländische Gesellschaft), 31.8.1891 (Verein zur Förderung des Naturheilverfahrens), S 3470 15.3. und 26.3.1895. Außerdem trat von Elm in einigen PlätterinnenVersammlungen auf; vgl. Kapitel 4.1.6.

30   S 2009, 23.4.1890.

31   V 327-1, 2.2.1892. Von Elm wurde zwar in der Rednerliste unter der Adresse Steinbachs aufgeführt, aber im Versammlungsprotokoll unter Weidenallee 7. Scheinbar herrschte über seinen Wohnort für einige Zeit Unklarheit.

32   V 350 Bd. 3, 18.5.1896.

meinschaft. Ein Arbeiter schimpfte: „Es komme noch einmal dahin, wo von Elm mit seiner Konkubine über die Klinge springen müsse.»[33]

Allen kleinbürgerlichen Moralvorstellungen zum Trotz blieb Helma Steinbach über dreißig Jahre „Freundin und Weggenossin"[34] von Elms bis zu seinem Tod. Die beiden ergänzten sich in ihrer Verschiedenheit. Er war der umsichtig Planende, sie sprühte vor Energie und Tatendrang. Gemeinsam war beiden der Sinn für greifbare Erfolge. Das Engagement für die Arbeiterbewegung und die gleichen politischen Ziele verbanden die beiden in enger Freundschaft.

Helma Steinbach hatte gute Gründe, diese Beziehung nicht durch einen Trauschein zu legalisieren. Sie wusste ja nur zu gut, dass eine Ehe die rechtliche Ungleichheit der Frau festschrieb. Frei von diesen Beschränkungen, konnte Steinbach ihre Kraft für die Arbeiterbewegung einsetzen, ohne durch eheliche Pflichten davon abgehalten zu werden.

2.4.3. Anfänge der Gewerkschaftsarbeit

Im November 1885 gründeten einige Sozialdemokratinnen den „Verein zur Vertretung der gewerblichen Interessen der Frauen und Mädchen Hamburgs". Die Arbeit des Vereins beschränkte sich auf wenige Gebiete: medizinische Hilfe für Frauen und Kinder, Handarbeits- und Hauswirtschaftskurse, aber vor allem auch Aufklärungsarbeit im Sinne der Partei.[35] Diese Ziele entsprachen der Mitgliederstruktur des Vereins. Eine Umfrage im Oktober 1886 ergab, dass fast alle Frauen verheiratet waren. Drei Fünftel waren nicht erwerbstätig, ein Viertel übernahm Saisonarbeit als Näherinnen und nur ein Achtel der Frauen waren Fabrikarbeiterinnen. Versuche, mehr Arbeiterinnen, also Näherinnen, Plätterinnen und Wäscherinnen zu organisieren, blieben weitgehend erfolglos.[36]

Ob Helma Steinbach zu den Mitbegründerinnen des Vereins gehörte, ist unbekannt. Ihren ersten, in einem Überwachungsbericht erwähnten Auftritt hatte sie in einer Mitgliederversammlung des Vereins am 6. Mai 1886.[37] Steinbach setzte sich erfolgreich für eine Sammlung zur Unterstützung der Berliner Mantelnäherinnen ein, die einen Streik für höhere Ar-

33 S 7290 Bd. 5, Wirtschaftsvigilanzbericht vom 5.6.1899, Criminal-Schutzmann Erxleben.

34 Marie Juchacz: Sie lebten für eine bessere Welt. Lebensbilder führender Frauen des 19. und 20. Jahrhunderts, Berlin, Hannover 1955, S. 68.

35 Kutz-Bauer :Arbeiterschaft, S. 235. Dasey, S. 412.

36 Dasey, S. 413.

37 V 43, 7.5.1886. Laut „Bürgerzeitung" Nr. 81, 6.4.1886 hatte „Fräulein Steinbach" in der Versammlung am 31.3. vorgeschlagen, wegen der Uneinigkeit unter den Vorstandsmitgliedern eine Neuwahl zu veranstalten. Dieser Vorschlag wurde angenommen. Evans: Frauenemanzipation, S. 68, gibt irrtümlich als erste Erwähnung Steinbachs den 21.4.1887 an und belegt dies mit einem Artikel aus der „Bürgerzeitung".

beitslöhne vorbereiteten. Sie argumentierte: „In einem umgekehrten Fall werden wir auch von dort Hülfe zu erwarten haben." [38] Steinbach informierte sich also auch darüber, was sich außerhalb Hamburgs in Sachen Arbeiterinnenorganisation tat.

Reibereien unter den Mitgliedern des Vereins führten schließlich zur Spaltung. Auf den Versammlungen waren die Diskussionen oft nicht über persönliche Angriffe hinausgekommen. Von dem Verein spaltete sich der „Verein der in Hamburg beschäftigten Weiss-, Hand- und Maschinennäherinnen" [39] ab, dem sich auch Helma Steinbach anschloss. Helma Steinbach sorgte zunächst dafür, dass alle neuen Mitglieder ein „Ehrenwort" abgeben mussten, dass sie nicht dem Frauen- und Mädchenverein angehörten. Für die folgende Sitzung stellte sie zwei Anträge: 1. Wie agitieren wir für den Verein? 2. In welchem Lokal soll der Verein tagen?[40] Eine Antwort hatte sie bereits parat. Steinbach wollte mit einem Flugblatt Werbung für den Verein machen. Sie war auch diejenige, die den Text vorbereitete.

Um dieses Flugblatt entbrannte allerdings ein heftiger Streit, da Steinbach sich weigerte, ihren Text zur Verfügung zu stellen, weil die von ihr vorgeschlagene Senkung der Mitgliedsbeiträge nicht durchgekommen war.[41] Außerdem veröffentlichte sie einen „scharfen" Artikel über die Versammlung in der „Bürgerzeitung". Die anderen Vereinsmitglieder quittierten ihr Verhalten damit, dass sie sie nicht wieder in den Vorstand wählten, dem sie als Revisorin angehört hatte.[42]

Von einer endgültigen Niederlage konnte aber keine Rede sein, denn dank ihrer Hartnäckigkeit konnte sie ihren Willen doch noch durchsetzen, und die Finanzierung des Flugblattes wurde genehmigt.[43] Die Anrede „Genossinnen" auf dem Flugblatt ließ keinen Zweifel an der Gesinnung der Verfasserin und des Vereins. Neben der dramatischen Beschreibung der Lebensbedingungen der Arbeiterinnen, die nur durch den Zusammenschluss verändert werden könnten, betonte Helma Steinbach vor allem die Gleichberechtigung und Gleichwertigkeit der Frauen: „Nicht unter, sondern neben dem Manne", war ihre Parole. Dies war ein Jahr vor dem Beschluss zur Gleichberechtigung der Frauen auf dem Internationalen Pariser Arbeiterkongress 1889 und drei Jahre vor dem Gleichstellungsbeschluss durch das Erfurter Parteiprogramm.[44]

---

38 *V 43, 7.5.1886.*

39 *Dasey, S. 413.*

40 *V 122, 10.6.1887.*

41 *Ebd., 30.8.1887.*

42 *Ebd., 14.9.1887.*

43 *Ebd., 31.10.1887. Flugblatt: ebd., 29.2.1888.*

44 *Hilde Lion: Zur Soziologie der Frauenbewegung. Die sozialistische und die katholische Frauenbewegung, Berlin 1926, S. 30. PTP 1891.*

Im Verein setzte sich Steinbach für die Gründung einer Sterbekasse für mittellose Hinterbliebene ein.[45] Auch ein Fonds zur Arbeitslosenunterstützung entstand auf ihre Initiative, um „den Mitgliedern endlich mal was zu bieten". Die Arbeitslosenunterstützung war allerdings ein reines Agitationsmittel für den Verein ohne realistische Perspektive.[46] Steinbach engagierte auch Adolph von Elm, um einen Vortrag über den „Zweck und Nutzen der gewerblichen Organisation der Arbeiterinnen" zu halten. Sein Auftreten wurde aber von der Polizeibehörde untersagt. Stattdessen hielt Steinbach einen Vortrag zu diesem Thema.[47] Dies war auch der erste längere Redebeitrag Steinbachs, der über rein organisatorische Fragen hinausging. Er markiert den Beginn ihrer Karriere als Agitatorin.

Versuche aus bürgerlichen Kreisen, den Verein zu beeinflussen, wurden von Steinbach erfolgreich abgewehrt. Die Vorsitzende der Gewerbeschule hatte für 15 bis 20 Mitglieder des Vereins kostenlosen Zuschneideunterricht angeboten, aber unter der Bedingung, dass sich die Frauen „anständig" betragen, pünktlich sind und keine Gruppen vor der Schule bilden.... Steinbach erkannte, dass dieses Angebot nicht aus „Liebe zu den Arbeiterinnen" gemacht wurde, sondern ein Versuch der Bevormundung war von Frauen, die glaubten, „daß sie himmelhoch über eine Arbeiterin erhaben seien..."[48]

Steinbach neigte aber selbst dazu, die anderen Mitglieder des Vereins zu gängeln, wenn sie sich etwas in den Kopf gesetzt hatte. Das war nicht nur bei dem Flugblatt der Fall. Im März 1888 verteilte sie eigenmächtig ein „Circular" an die Arbeitgeber, „daß der Verein bestrebt sein werde, nur gute und tüchtige Arbeitskräfte" zu vermitteln. Die Plätterin Augustin, die den Arbeitsnachweis organisierte und selbst ein „Circular" geschrieben hatte, nannte Steinbachs Version „speichelleckerisch". Steinbach konterte, Augustins Fassung sei zu „roh" gewesen.[49] Den Vorwurf, „eigenmächtig zu handeln", zog Steinbach erneut auf sich, als sie einen Hektographen für 45 Mark zur Vervielfältigung der Flugblätter kaufte. Es war zwar der Beschluss gefasst worden, einen Hektographen anzuschaffen, aber Steinbach war nicht beauftragt worden, dies zu tun.[50]

So entstanden immer wieder Streitereien im Verein. Sie entzündeten sich selten an konkreten Anlässen, sondern meist an persönlichen Verhaltens-

45 V 122, 25.11., 15.12.1887, 7.1.1888.

46 Ebd., 22.11.1888 und 17.12.1888. Die Unterstützung sollte auch an streikende Arbeiterinnen gezahlt werden, wenn 1.000 Mark angesammelt wären. Vom monatlichen Mitgliedsbeitrag wurden aber nur jeweils 10 Pfennig in die Unterstützungskasse gezahlt.

47 V 122, 12.3.1888. Vermutlich übernahm sie sogar die vorbereitete Rede von Elms, denn im Versammlungsprotokoll steht, dass sie die Rede „verlas".

48 V 122, 29.6.1888.

49 Ebd., 29.3.1888.

50 Ebd., 22.2. und 15.3.1889.

weisen. Steinbach war mit ihrer dominanten Art ein ständiges Ärgernis für die anderen Frauen, wohl auch, wie Kutz-Bauer meint, weil sie deren Weiblichkeitsideal durch ihr Verhalten in Frage stellte.[51] Im Mai 1889 wurde Steinbach aus dem Verein ausgeschlossen, nachdem sie zuerst den Ausschluss der Frauen Grimm und Steeger beantragt hatte, „weil sie durch ihre Opposition die Versammlung störten". Nach langem „Gezänk" wurden nicht die beiden Frauen, sondern Steinbach ausgeschlossen.[52]

Helma Steinbach ließ sich dadurch nicht entmutigen. Einige Monate später gründete sie den Zentralverein der Plätterinnen, in dem sie dann die unbestrittene Führungsrolle innehatte.[53]

2.5. Kampf für die Arbeiterbewegung

2.5.1. Delegierte zum Hamburger Gewerkschaftskartell

Das Hamburger Gewerkschaftskartell wurde 1891 gegründet. Pro 1.000 Mitglieder entsandte jede Gewerkschaft einen Vertreter in die Delegiertenversammlung. Steinbach erhielt ihr Mandat vom Zentralverein der Plätterinnen. Schon in einer der ersten Versammlungen am 20. Februar 1891 meldete sie sich zu Wort.[54] Aus der Rednerliste der Politischen Polizei, die nur bis zur Jahrhundertwende geführt wurde, lässt sich ersehen, dass sie an fast allen Versammlungen teilnahm und sich regelmäßig an den Debatten beteiligte.[55]

In den Delegiertenversammlungen war sie die einzige Frau, die mitdiskutierte. Meist waren von den mehr als hundert Anwesenden nur drei oder vier Frauen.[56] In den ersten Jahren nach Gründung des Gewerkschaftskartells war die Gleichberechtigung der Frauen noch nicht selbstverständlich, wie sich am Verhalten einiger Delegierter gegenüber Steinbach zeigt. Nachdem der Gewerkschafter Sittenfeld Steinbach sehr persönlich an-

---

51 *Kutz-Bauer: Arbeiterschaft, S. 237ft, schreibt, die heftigen Streitereien der Frauen müssen „aus ihrer Sozialisation und der Definition ihrer sozialen Rolle" erklärt werden. Darüber hinaus haben die Frustration der Mitglieder über die Machtlosigkeit des Vereins, ebenso wie die persönliche Lebenssituation der Frauen eine wichtige Rolle gespielt. Nach Kutz-Bauer waren persönliche Streitereien in den Frauenvereinen an der Tagesordnung.*

52 *V 122, 24.5.1889.*

53 *Vgl. Kapitel 4.1. .*

54 *V 350, Bd. 1, 16.1.1891. Vgl. ebd., Bd. 8: Liste der aufgetretenen Redner. Nachdem sich der Plätterinnen-Verein 1894 aufgelöst hatte, (am 17.1.1894 war Steinbach von den acht anwesenden Frauen noch einmal delegiert worden) war sie in den folgenden Jahren Vertreterin des Verbands der Schneider und Schneiderinnen im Gewerkschaftskartell.*

55 *V 350, Bd. 8, 1897 war sie nicht als Delegierte zum Kartell gewählt worden, nahm aber trotzdem teilweise an den Versammlungen teil. Vgl. V 350 Bd. 3, 11.11.1897.*

56 *Ebd. Bd. 1, 30.10.1892, 16.10.1893, Bd. 2, 22.12.1894, Bd. 7, 15.1.1908.*

griffen hatte: „Wenn Frau Steinbach das Gefühl in Betracht zieht, so ziehen wir bei ihr den Verstand in Betracht", erschollen Rufe aus dem Publikum: „Heraus mit ihr, Frauenzimmer können wir hier nicht gebrauchen, herunter mit ihr." [57] Steinbach war aber zu selbstbewusst, um sich nachhaltig einschüchtern zu lassen und äußerte sich im Gewerkschaftskartell weiterhin zu allen aktuellen Fragen.

Sie setzte sie sich besonders ein, wenn es um den Beschluss oder die Fortführung eines Wirtschaftsboykotts ging oder um die Unterstützung streikender Arbeiter.[58] Dieser starken Betonung gemeinsamen und solidarischen Handelns entsprach auf der anderen Seite ihr kompromissloses Verhalten gegenüber jenen, die gegen entsprechende Beschlüsse verstießen.[59]

2.5.2. Gründung des „Arbeiterinnen-Hülfskomites" während der Choleraepidemie 1892

Im Sommer 1892 brach in Hamburg eine große Choleraepidemie aus, bei der schließlich ca. 8.000 Menschen starben. Betroffen waren vor allem die ärmsten Proletarierfamilien, weil in ihren Wohnquartieren erbärmliche hygienische Bedingungen herrschten.[60] Gemeinsam mit den Frauen de Haas und Hunsmann gründete Steinbach das „Arbeiterinnen-Hülfskomite". Im „Hamburger Echo" veröffentlichte sie einen Appell an die Frauen und Töchter der Parteigenossen, Stoffreste bei den Händlern zu sammeln. Aus den Stoffstücken sollte Kinderkleidung für die Familien genäht werden, deren Kleidung durch die städtischen Desinfektionsmaßnahmen unbrauchbar geworden war. Um das zu organisieren, kündigte sie eine öffentliche Versammlung in der Lessinghalle am Gänsemarkt an.[61]

Obwohl es sich nicht um eine politische Versammlung handelte, hatte Steinbach Schwierigkeiten mit dem Geschäftsführer des Lokals, Sauter. Der Polizei erklärte Sauter, dass Steinbach gefragt habe, ob sie für fünf Minuten einen Raum für 20 Frauen haben könne. Er habe dies erlaubt, aber dann seien kurz darauf über 100 Personen aufgetaucht, die er des Lokals verwiesen habe. Sauter gab an, dass er glaubte, Steinbach hätte die

57 Ebd. Bd. 1, 30.8.1893. Vgl. auch ebd. 28.2.1893.
58 Zum Boykott der Mohr'schen Margarine, vgl. V 350 Bd. 3, 15.5. und 18.5.1896. „Hamburger Börsenhalle" Nr. 224, 13.5.1896. HE Nr. 121, 27.5.1896. Boykott der Schuhfirma Tack, vgl. V 350 Bd. 2, 22.12.1894. Sie sprach sich unter anderem für die Unterstützung streikender Buchdrucker {ebd., Bd. 1, 5.12.1891), Korbmacher (ebd., 30.8.1893) und französischer Bergarbeiter (ebd., 16.10.1893) aus.
59 So zum Beispiel in der Akkordmaurerdebatte. Vgl. Kapitel 5.6.2. Während des Hafenarbeiterstreiks bezeichnete sie Streikbrecher als „Gesindel" und entging nur knapp einer Beleidigungsklage. Vgl. S 2009, 30.6.1897.
60 Evans: Die Cholera und die Sozialdemokratie: Arbeiterbewegung, Bürgertum und Staat in Hamburg während der Krise von 1892, in: Herzig/Langewiesche/Sywottek, S. 204 .
61 HE Nr. 214, 11.9.1892.

Absicht, „eine heimliche Versammlung abzuhalten".[62] Diese Vermutung war aus der Luft gegriffen, da Steinbach die Versammlung am Tag vorher im „Echo" angekündigt hatte. Sie hatte aber die Wirkung ihres Aufrufs scheinbar geringer eingeschätzt.

Das Arbeiterinnen-Hülfskomite gab zehn Wochen später bekannt, an 146 Familien 1.573 Kleidungsstücke verteilt zu haben. Steinbach bedankte sich in einem Artikel für den Stoff und die „uneigennützige Hülfe einer verhältnismäßig kleinen Anzahl von Frauen, welche aus erbarmender Liebe für ihre Brüder und Schwestern unentgeltlich und unermüdlich die Stoffe verarbeiteten". Sie wusste, dass ihre Initiative nur „ein Tropfen auf den heißen Stein" sein konnte, aber das war für sie immer noch besser, als nichts zu tun.[63] Vor allem, da sie scharfe Kritik an den behördlichen Maßnahmen zur Bekämpfung der Epidemie übte.[64]

2.5.3. „Professionelle sozialdemokratische Rednerin"

Nur wenige Jahre nachdem Steinbach im Verein der Hand-, Weiss- und Maschinennäherinnen und im Zentralverein der Plätterinnen erste Erfahrungen als gewerkschaftliche Agitatorin gemacht hatte, war sie eine bekannte Rednerin in der Arbeiterbewegung geworden. Meist redete sie so überzeugend, dass es nichts Ungewöhnliches war, als eine Rede in einer öffentlichen Frauen- und Männerversammlung in Oldesloe „selbstverständlich ... großen Beifall" hervorrief.[65]

Zur Frage der gewerkschaftlichen Frauenorganisation trat sie im Sommer 1891 in Versammlungen in ganz Norddeutschland auf. Auch in den folgenden Jahren bildete dieses Thema einen Schwerpunkt.[66] Hatte sie in diesem Bereich große rednerische Sicherheit erlangt, konnte es in der Anfangszeit ihrer öffentlichen Auftritte bei einem unvorbereiteten Beitrag auch geschehen, dass sie nichts zum Thema, sondern nach Aussagen eines Polizisten einfach nur „Blech" redete.[67]

Ohne die Aufwandsentschädigung, die den Referenten von der Partei und den Gewerkschaften gezahlt wurde, hätte Steinbach ihre Agitationstätigkeit nicht ausüben können, da sie deshalb kaum einer geregelten Arbeit

---

62 S 2009, 13.9.1892.

63 HE Nr. 256, 30.11.1892, HE Nr. 74, 28.3.1893.

64 V 124, 24.10.1892.

65 Reform Nr. 205, 2.9.1891.

66 Norddeutsche Volkszeitung Nr. 69, 14.6.1891, General-Anzeiger Nr. 213, 13.9.1891, HE Nr. 231, 2.10.1891, um nur einige Beispiele zu nennen.

67 V 334a, 18.6.1891. Steinbach übte Kritik an Dr. Franz Mehring, der ursprünglich ein erklärter Gegner der Sozialdemokratie war, sich ihr später aber zuwandte und ihr Historiker wurde. Vgl. Abendroth: Aufstieg und Krise der Sozialdemokratie, 4. erw. Auflage, Köln 1978, S. 37. Der überwachende Beamte Arends fasste ihren Beitrag zusammen: „Verschiedenes andere was dieselbe sprach, war Blech."

nachgehen konnte. Für die sozialdemokratische Arbeiterbewegung vermittelte in Hamburg eine Referenten-Commission die Redner. Sie zahlte ihnen bei einem auswärtigen Referat 12 Mark, an Sonntagen nur 6 Mark, sowie Auslagen, für Vorträge in Hamburg gab es 2 Mark.[68] Die Summe von 12 Mark wurde von einigen Parteimitgliedern als zu hoch angesehen.[69] Auch gab die Entschädigung der Referenten immer wieder Anlass zu Misstrauen und Gerüchten in der Arbeiterschaft. So wurde dem Schutzmann Zufall durch den Zigarrenarbeiter Rudeik erzählt, dass Steinbach während des großen Hafenarbeiterstreiks 1896/97 als Mitglied des Streikkomitees und für ihre Vorträge 60 Mark pro Tag erhalten habe. Bei der Polizeibehörde wurde dieses Gerücht als „kaum glaubhaft" kommentiert.[70]

Das antisemitische „Deutsche Blatt" zitierte die „Deutsche Tageszeitung" mit der Meldung, Steinbach habe für ihre Agitation in einem Quartal 313,05 Mark vom Verband der Schneider erhalten. Das sollte ein Beleg dafür sein, dass die sozialdemokratischen Referenten in Saus und Braus lebten.[71]

In den Jahresberichten der SPD-Landesorganisation wurden ab 1907 Listen der vermittelten Referentinnen veröffentlicht. Im Geschäftsjahr 1907/08 trat Steinbach siebenmal für die Hamburger SPD auf. Von Elm lag mit 61 Vorträgen weit an der Spitze. Auch in den folgenden Jahren gehörte sie zu den regelmäßig vermittelten Agitatoren.[72]

Frauenagitation für die Gewerkschaften und die SPD blieb ihr Schwerpunkt, aber wie alle Referenten hielt sie auch Vorträge zu aktuellen politischen Fragen, die die SPD auf die Tagesordnung gesetzt hatte. So sprach sie unter anderem über den Hafenarbeiterstreik, die Zuchthausvorlage, die Chinapolitik der Regierung und die Taktik der christlichen Gewerkschaften.[73] Steinbach war bekannt dafür, dass sie jeden Abend im Café Rowack am Gänsemarkt saß und sich aus Zeitungen verschiedenster po-

---

68 S 2493-7, 26.1.1893.

69 Ebd., 4.9.1893.

70 S 2009, 4.3.1897.

71 Deutsches Blatt Nr. 86, 27.10.1897. Pro Woche wären das ca. 24 Mark, was nicht viel war, denn Steinbach reiste für den Verein durch ganz Deutschland und konnte deshalb kaum einer geregelten Arbeit nachgehen. Nach eigener Aussage musste sie wegen ihrer Referententätigkeit sogar finanzielle Nachteile in Kauf nehmen. Vgl. HE Nr. 77, 1.4.1898.

72 Jahresberichte der vereinigten Vorstände der drei Sozialdemokratischen Vereine und Einzelberichte. Geschäftsjahr 1907/08, S. 23. (Im Folgenden zitiert als Jahresbericht SPD) Jahresbericht SPD 1911/12, S. 52, Jahresbericht SPD 1912/13, S. 54.

73 HE Nr. 24, 29.1.1898, HE Nr. 155, 6.7.1899, HE Nr. 256, 2.11.1900, V 334a Bd. 16, 21.6.1901. Im September 1898 hatte Kaiser Wilhelm II. die sogenannte Zuchthausvorlage angekündigt, durch die jeder, der einen Arbeiter bei Streiks von seiner Arbeit abhalten wollte oder ihn zum Streik bringen, zu einer Zuchthausstrafe verurteilt werden sollte. Der Reichstag lehnte die Vorlage im Sommer 1899 ab. Vgl. Schönhoven: Die Gewerkschaften als Massenbewegung im Wilhelminischen Kaiserreich 1890 bis 1918, in: Ulrich Borsdorf (Hg.): Geschichte der deutschen Gewerkschaften. Von den Anfängen bis 1945, Köln 1987, S. 167-278, S. 214. Im Folgenden zitiert als: Schönhoven: Die Gewerkschaften als Massenbewegung.

litischer Couleur informierte.[74] Nach der Gründung des Konsum-, Bau- und Sparvereins „Produktion" wurde die Werbung für die Genossenschaften ihr Hauptthema.[75]

Der erste Laden der „Produktion" am Großneumarkt

Ihre Agitationsreisen führten sie unter oft strapaziösen Umständen durch ganz Deutschland.[76] Regelmäßig fragten die Behörden anderer Städte in Hamburg an, weil Steinbach auf einer Veranstaltung der SPD auftreten sollte. Die Hamburger Polizei warnte, Steinbach sei eine „radicale Sozialdemokratin [und] gefährliche Agitatorin in der politischen und gewerkschaftlichen Bewegung ..."[77]

Bei der großen Zahl von Vorträgen, die Steinbach hielt, blieb auch Kritik nicht aus. Einige Genossen warfen ihr vor, nur noch auf großen Versamm-

74   *Gleichheit Nr. 22, 2.8.1918. S 8897, 20.3.1911.*

75   *Vgl. Kapitel 6.*

76   *V 327-28, 4.9.1895. Das Nicht-Erscheinen Steinbachs in dieser Versammlung wurde mit ihrer Erkrankung in Folge einer anstrengenden Agitationstournee begründet.*

77   *S 2009, 10.2.1894: Königlicher Landrat Fulda. Königliches Bezirksamt Kaiserslautern, 29.7.1895. Aachen: 14.11.1896. Warnung vor Steinbach an das Bezirksamt Bergzabern, 12.5.1897.*

lungen reden zu wollen. Nach der Jahrhundertwende richtete sich die Kritik vor allem dagegen, dass sie fast nur noch über die Genossenschaften sprach.[78]

Die Schwierigkeiten der Agitatorinnen beschrieb der Gewerkschaftsführer Carl Legien: „Man kann wohl allgemein annehmen, daß die Frauen, welche immer wieder in den verschiedenen Theilen Deutschlands als Referentinnen verlangt werden, Tüchtigeres leisten, als eine ganze Anzahl unserer männlichen Referenten. Das ist sehr erklärlich. Bei einer Referentin wird von vornherein ein schärferer Maßstab angelegt, und sie muss schon Bedeutendes leisten, wenn sie aus demselben Orte zu weiteren Vorträgen herangezogen wird."[79]

Als ausgesprochen eloquente Rednerin, die gerne in einer kräftigen, bildhaften Sprache für die sozialdemokratische Sache warb, war sie für die bürgerliche Presse, insbesondere das „Deutsche Blatt", ein bevorzugtes Angriffsobjekt. Sie wurde als „professionelle sozialdemokratische Rednerin und Antisemitentöterin ohne Beruf" ebenso bezeichnet, wie als „berühmte Vorkämpferin für allgemeine Gleichheit, Frauenemanzipation, freie Liebe und andere schöne Dinge..."[80] Steinbach passte mit ihrem ausgeprägten Selbstbewusstsein und ihrer dominanten Art nicht in das traditionelle Schema von holder Weiblichkeit. „Die moderne Eva mit dem Feigenblatt ... ist, wie ich höre zum Vertrauensmann in einem Hamburger Wahlkreise ernannt worden. Meine Ahnungen, daß Frau Steinbach nicht ganz richtig sein müsste, haben sich danach bestätigt."[81]

Steinbach nahm derartig negative Reaktionen in Kauf, provozierte sie auch manchmal, wie in einer Versammlung, in der sie über „dumme" Bäckermeister sprach. Als sie sich zum „dümmsten" Bäckermeister steigerte, schritt der überwachende Beamte ein, weil eine solche Äußerung nicht gestattet sei.[82]

Die Frau, die so viel Unruhe verursachte und sich in Versammlungen mit ihrer kräftigen Stimme Gehör verschaffte, war keine imposante Erscheinung. Helma Steinbach war klein und von „schwächlicher" Statur. Unter „besonderen Kennzeichen" vermerkte die Polizei in gehässigem Ton: „Hat ein häßliches grobes Gesicht, aber ein aalglattes Wesen." Dass sie nicht nur durch ihr Stimmvolumen Aufmerksamkeit auf sich zog, zeigt sich da-

---

78 *V 334a Bd. 12, 7.2.1898. Für die Berechtigung dieses Vorwurfs spricht, dass sie beispielsweise auf einer Versammlung in Hohenfelde mit nur 20 Teilnehmern nur eine sehr kurze und allgemeine Rede hielt, die mit dem eigentlichen Thema „soziale Bauernfängerei" wenig zu tun hatte, vgl. V 334a Bd. 16, 21.6.1901. Zum Vorwurf, sie spräche nur über die Genossenschaften, vgl. ebd., Bd. 18, 4.11.1903.*

79 *Zitiert nach Losseff-Tillmanns, S. 123.*

80 *Deutsches Blatt Nr.29, 14.10.1894 und Nr.90, 18.4.1895.*

81 *Ebd., Nr. 279, 30.11.1895. Vgl. auch Nr. 29, 11.4.1900, Nr. 47, 17.6.1900. HF 23.1.1901, ebd., 27.10.1901.*

82 *Vorwärts Nr. 71, 24.7.1898.*

ran, dass sie auch gern auffällige Kleidung, besonders Hüte, trug.[83] Sie hatte eine Vorliebe für Polemik gegenüber ihren Gegnern, konnte sich aber auch sehr gefühlvoll für eine Sache einsetzen. Ein Beispiel dafür ist ihr Appell zur Unterstützung ausgesperrter dänischer Arbeiter:[84] „Wir haben gehört, mit welcher außerordentlichen Brutalität die dänischen Capitalisten Tausende unschuldiger Arbeiter auf das Straßenpflaster geworfen haben, wie nun Tausender armer Frauen und Kinder dem Hunger in die Arme getrieben sind. Regt es sich da nicht in eurer Brust ob eines solchen ungerechtfertigten Vorgehens?" Sie appellierte an das Mitleid der Genossen, um schon im nächsten Satz „große Heiterkeit" zu erzeugen: „In Schleswig hat man auch Parthei für die dänischen Capitalisten genommen. Das beweist die Politik des Herrn v. Köller. Der dänische Arbeiter, der dänische Knecht, ja die dänische Kuhmagd, die im Schleswigschen dienen, die werden, weil staatsgefährlich über die Grenze abgeschoben."

Mit ihrem rednerischen Talent gelang es Steinbach immer wieder, das Publikum auf ihre Seite zu bringen und Mitglieder für die Arbeiterorganisationen zu werben. Ab und zu hielt sie auch einen Vortrag auf Pattdeutsch.[85]

Nur selten kam es vor, dass Zuhörer während ihres Vortrags den Saal verließen, wie bei einer Seemannsversammlung in St. Pauli, in der sie die Arbeitssituation der Seeleute scheinbar ohne große Sachkenntnis beschrieben hatte.[86] Eher der Regel entsprach es, dass nach ihrem Auftritt viele Arbeiter und Arbeiterinnen in den jeweiligen Verband eintraten, wie bei einer öffentlichen Versammlung der Seiler, Reepschläger und Hänfer Hamburgs.[87] Besonders Frauen schätzten ihre mit Seitenhieben gegen die Männer, die „nicht einmal ein paar Stunden auf die Kinder aufpassen oder gar das Geschirr spülen (Heiterkeit) ...", gewürzten Vorträge.[88]

---

83 *S 2009 „Personalien", 14.11.1898. Unter der Rubrik Zähne heißt es: „angeb. falsch".*

84 *V 350 Bd. 4, 31.8.1899. Ein anderes Mal berichtete das „Echo" über einen Auftritt Steinbachs zum Thema „Schutz der Heimindustrie": „Man konnte der Referentin anhören, wie tief ergriffen sie bei den Ausführungen und Schilderungen war, ...die sie gab." HE Nr. 269, 17.11.1906.*

85 *In Büdelsdorf bei Rendsburg hielt Steinbach eine plattdeutsche Rede zu Gunsten von Elms, der für den Reichstag kandidierte. „Ein neues Zugmittel" kommentierte das „Fremdenblatt". HF Nr. 144, 22.6.1893.*

86 *Hamburger Correspondent Nr. 263, 8.6.1900.*

87 *HE Nr. 132, 9.6.1896. Neun Neuaufnahmen für den Bäckerverband Lübecks. Bäcker Zeitung Nr. 39, 5.10.1901. Öffentliche Frauenversammlung im „Waterloo": 20 Frauen traten in die SPD ein, vgl. HE Nr. 289, 12.12.1900. Zum Problem, dass neue Mitglieder oft nur kurzfristig in den Verbänden blieben, vgl. Niggemann, S. 129, Lion, S. 88.*

88 *S 8897, 20.3.1911.*

2.5.4. Die „Freie Volksbühne" und öffentliche Rezitationsveranstaltungen

Zusätzlich zur aktiven Mitgliedschaft in der SPD, der Leitung des Plätterinnen-Vereins und strapaziöser Agitationstätigkeit war Steinbach auch an der Gründung der Freien Volksbühne Hamburg-Altona beteiligt. Den Genuss höherer Kunst an Stelle von „Tingel Tangel" wollte Helma Steinbach für die Arbeiterbevölkerung erschwinglich machen. Für einen Monatsbeitrag von 50 Pfennig war eine Theatervorstellung pro Woche vorgesehen. In einer Sitzung des Gewerkschaftskartells verlangte Steinbach, die der vorbereitenden Elfer-Kommission angehörte, Unterstützung von den Gewerkschaften, weil es sich bei der Volksbühne um ein Unternehmen der Arbeiterbevölkerung handele.[89]

In den Jahren 1893, 1894, 1896 und 1899 war sie 2. Vorsitzende der Volksbühne. Sie beteiligte sich an der Auswahl der Stücke und rezitierte selbst zu Gunsten des Vereins.[90]

Aber auch in diesem Verein kam es zu Streitereien zwischen Steinbach und anderen Vereinsmitgliedern. Sie und der Rechtsanwalt Dr. Berthold, der ebenfalls im Vorstand war, kamen nicht miteinander aus. Steinbach beschwerte sich, er benehme sich „als ob er nur ganz allein etwas zu sagen habe". Berthold äußerte in einem Gespräch, „daß es nicht möglich wäre, mit der Frau Steinbach im Vorstand einig zu werden ..."[91] Der Streit ging so weit, dass Berthold Steinbach aus dem Vorstand ausschließen lassen wollte. Steinbach kam dem durch ihren Rücktritt zuvor, nachdem ihr Antrag, den Mitgliedern des Vereins mehr Mitbestimmungsrechte einzuräumen, gescheitert war.[92]

Die Platzvergabe für die Vorstellungen der Volksbühne erfolgte per Losverfahren. Steinbach freute es besonders, dass auch „Frau Doktor und Frau Professorin" keinen Anspruch auf bessere Plätze geltend machen konnten.[93]

Weil der Verein vor allem Stücke auf die Bühne bringen wollte, die „von der Bourgeoisie nicht gegeben werden, weil da die Wahrheit gesagt wird", wie Steinbach formulierte,[94] und er außerdem von bekannten Sozialdemokraten und Sozialdemokratinnen sowie Freidenkern gegründet worden war, stand die Obrigkeit den Aktivitäten des Vereins misstrauisch gegen-

---

89 V 350 Bd. 1, 11.8.1893. S 2963-3, 12.5.1893.

90 HE Nr. 28, 3.2.1896. S 2968-3 Anlage "Vorstandspersonen".

91 S 2968-3, 20.11.1893. HE Nr. 297, 21.12.1894.

92 S 2009 „Auszüge", 29.11.1893. Der Streit mit Berthold war nicht der einzige, der sich an ihrer Person entzündete, vgl. HE Nr. 45, 22.2. und Nr. 47, 24.2.1899.

93 S 2963-3, 18.11.1895.

94 Ebd.

über. Die heimliche Überwachung der Volksbühne ist ein besonders schönes Beispiel für die Bespitzelungsmethoden der Politischen Polizei einerseits und für die drastische Sprache Steinbachs andererseits.

Im Oktober 1898 hatte der Stadt-Kommandant von Altona, Freiherr von Schleinitz, Unteroffizieren und Mannschaften den Besuch des Carl Schultze Theaters St. Pauli verboten, in dem regelmäßig Aufführungen der Volksbühne stattfanden.[95] Daraufhin kündigte der Theaterleiter die Zusammenarbeit auf und der Verein geriet in große Schwierigkeiten. In einer nicht-öffentlichen Generalversammlung machte Steinbach ihrem Ärger Luft: „Der Militärboykott hat uns todt gemacht, und das haben wir dem Freiherrn v. Steinitz, nein, na ich weiß nicht, wie der Esel heißt, zu danken." Ein paar Tage später, nachdem ein Ausweichquartier gefunden worden war, ergänzte sie: „Über den Saal von Tütge kann der bekannte Esel ja nicht mehr den Boykott verhängen und somit unsere Aufführungen verhindern, weil über diesen Saal längst das Urteil gesprochen ist.»[96]
Über den „Esel" wurde dem Chef der Politischen Polizei, Dr. Roscher, durch einen Polizeispitzel Bericht erstattet. Roscher schrieb daraufhin einen „persönlichen" Brief an den Stadtkommandanten, Generalleutnant Freiherr von Schleinitz, mit der Bitte, Strafanzeige wegen Beleidigung zu erstatten. Ein Zeuge für den Vorfall müsse allerdings unter den „Genossen" gefunden werden, um den Spitzel nicht auffliegen zu lassen.

Von Schleinitz teilte das Interesse Roschers, „die Dame einige Zeit kalt zu stellen". Er wollte aber einige Bedingungen erfüllt wissen, bevor er als beleidigter „Esel" an die Öffentlichkeit ging. „Um ein Erkenntniß über 5 Mark Strafe wegen Beleidigung zu erlangen, möchte ich mir die Unbequemlichkeit nicht machen." Er verlangte: „1. Sicherheit, daß die ‚Genossen' an jenem Abend nicht alle an Schwerhörigkeit gelitten haben und 2. daß das Gericht voraussichtlich auf eine längere Freiheitsstrafe erkennt." Rescher konnte ihm das nicht versprechen. Schließlich musste er von Schleinitz vorschlagen, von einer Klage abzusehen, tröstete ihn aber damit, dass die Tage der Volksbühne sowieso gezählt seien. Steinbach sollte übrigens nie erfahren, welche Komplotte hinter ihrem Rücken geschmiedet wurden.

Schon vor Gründung der Volksbühne hatte sich Steinbach einen Namen als Rezitatorin von Theaterstücken gemacht. Es ist ihrem rednerischen Können zuzuschreiben, dass sie mit dem Vorlesen eines Stückes ihr Publikum unter Umständen stundenlang fesseln konnte. Leichte Kost setzte sie ihren Zuhörern und Zuhörerinnen, manchmal weit mehr als tausend

---

95 S 2963-3, Mitteilung des IX. Armee-Corps Commandatur Altona vom 28.10.1898 an die Polizeibehörde Hamburg.

96 S 2009, 2.2.1899 Vigilanzbericht und Brief Roschers an von Schleinitz. Ebd., 5.2., Antwort von von Schleinitz. Ebd., 11.2., Brief Roschers an von Schleinitz.

Personen, nicht vor. Ihre Auswahl umfasste Trauerspiele, Dramen und Satire. Es waren Stücke, die wie Ibsens „Gespenster" oder „Ein Volksfeind" oder Hauptmanns „Florian Geyer" radikale Kritik an den gesellschaftlichen Verhältnissen übten.[97]

Nachdem durch die Volksbühne auch Stücke aufgeführt werden konnten, die sonst keinen Platz auf dem Spielplan der Hamburger Theater fanden, nahm die Zahl der Rezitationsabende von Steinbach ab. Erst kurz vor Beginn des Ersten Weltkriegs veranstaltete sie wieder regelmäßige Vortragszyklen, besonders für weibliche Parteimitglieder. In diesen Veranstaltungen las sie auch aus eigenen Gedichten, die aber leider nicht erhalten sind.[98]

In den Jahren 1914 bis 1916 trat die mittlerweile über 60jährige Steinbach in den verschiedenen Organisationen der Hamburger Arbeiterbewegung kaum noch in Erscheinung. Nach dem Tod ihres Lebensgefährten von Elm im September 1916 zog sie sich aus der politischen Bewegung weitgehend zurück und beschränkte sich auf eher unpolitische Rezitationsveranstaltungen.[99] Nicht zuletzt konnte die überzeugte Pazifistin so dem Konflikt zwischen ihrer persönlichen Einstellung und der Burgfriedenspolitik von SPD und Gewerkschaften aus dem Wege gehen.[100]

3. Die Hamburger Arbeiterbewegung - Vom Sozialistengesetz bis zum Ende des Ersten Weltkrieges

3.1. Sozio-ökonomischer Hintergrund

Die Hamburger Wirtschaft, wie auch die des Reiches entwickelte sich ab 1887/88 positiv. Der 1888 erfolgte Zollanschluss Hamburgs wirkte sich günstig aus. Der damit zusammenhängende Anstieg der Mieten und Lebensmittelpreise wurde aber zu einer starken Belastung für die Arbeiterfamilien. Die Lebenshaltungskosten für einen Arbeiter waren um vier bis sieben Prozent gestiegen. Billiger Wohnraum wurde durch die großange-

---

97 HF Nr. 59, 10.3.1894. HE Nr. 231, 2.10.1891. HE Nr. 28, 3.2.1896. Die zum Teil beträchtlichen Einnahmen kamen den Organisationen der Arbeiterbewegung zu Gute, vgl. HE Nr. 14, 18.1.1894.

98 HE Nr. 60, 12.3.1912, HE Nr. 72, 26.3.1912, HE Nr. 278, 27.11.1913.

99 HE Nr. 196, 23.8.1917, HE Nr. 246, 13.11.1917, HE Nr. 34, 9.2.1918.

100 Vgl. Kapitel 5.7.

legte Hafenerweiterung, durch die einige Arbeiterquartiere verschwanden, immer knapper. Obwohl die Löhne der Hamburger Arbeiter durchschnittlich höher als im Reich waren, wurde das Existenzminimum zum Erhalt einer Familie vom größten Teil der Erwerbstätigen nicht erreicht.[101] Den Aufschwung löste ab 1890/91 eine Konjunkturkrise ab, die erst 1894 endete.[102]

Die Teuerungsrate lag in Hamburg über der des Deutschen Reiches. So stiegen die durchschnittlichen wöchentlichen Aufwendungen für Nahrungsmittel einer vierköpfigen Familie im Gebiet von Hamburg und Altona zwischen 1896 und 1913 um 48 Prozent. Lohnerhöhungen gingen darin auf, so dass die Reallöhne zwischen 1890 und 1914 praktisch stagnierten.[103] Während die Einwohnerzahl Hamburgs zwischen 1880 und 1913 auf gut das Doppelte anstieg, versechsfachte sich der Anteil der Arbeiter im gleichen Zeitraum, vor allem durch Zuwanderung. Die Beschäftigungsschwerpunkte lagen im Schiffs- und Maschinenbau, im Baugewerbe und im Lösch-, Lade- und Lagerbetrieb im Hafen.[104]

Die Quote der erwerbstätigen Frauen lag mit circa 27 Prozent der Vollzeitarbeitskräfte unter dem Reichsdurchschnitt. 1882 arbeiteten 50 Prozent dieser Frauen im hauswirtschaftlichen Bereich, die andere Hälfte verteilte sich gleichmäßig auf die Bereiche Nähen und Waschen sowie Verkauf, Bedienung und Hotelgewerbe. Auch 1907 war der Frauenanteil im Bekleidungs- und Reinigungsgewerbe, sowie in der Nahrungs- und Genussmittelindustrie am größten. In industriellen und gewerblichen Betrieben waren 16 Prozent der Arbeiterschaft Frauen. Der Anteil gelernter Arbeiterinnen im Verhältnis zu ungelernten war deutlich geringer als bei den männlichen Kollegen. Die durchschnittliche Arbeiterin verdiente nur die Hälfte bis zu zwei Drittel des Lohnes eines Arbeiters, wobei sich die Frauenerwerbstätigkeit ohnehin auf den Niedriglohnbereich konzentrierte.[105]

Die Wirtschaftsstruktur Hamburgs war flexibel. Kleine und mittlere Betriebe, die vor allem qualifizierte Arbeiter beschäftigten, dominierten. Investitionen waren arbeitsintensiv und meist langfristig angelegt. Branchen, die über ein hohes Wachstumspotential verfügten, wie Dienstleistung, Bau- und Metallwirtschaft waren in Hamburg von großer Bedeutung. Es gab nur wenige Stellen im Stadtgebiet, die durch industrielle Anlagen geprägt waren. In den Vorstädten, die nach dem Zollanschluss einen starken

---

101 Kutz-Bauer: Arbeiterschaft, S. 39-48.

102 Schönhoven: Die Gewerkschaften als Massenbewegung, S. 169.

103 Ullrich, S. 29f.

104 Ebd., S. 17-24

105 Dasey, S. 57, 338-40, 349-51. Ullrich, S. 261.

Wachstumsschub erfuhren, lebte eine Mischung aus Industriearbeitern, Besserverdienenden und Kleingewerbetreibenden. In diesen Quartieren mit ihrer hohen Kommunikationsdichte boten sich einem Sozialdemokraten oder einer Sozialdemokratin beste Möglichkeiten zur Agitation.[106]

Im Stadtteil Eimsbüttel, in dem auch Helma Steinbach lebte, wohnten Arbeiter und kleine Angestellte, von denen viele gezwungen waren, ihr Einkommen durch Untervermietung aufzubessern. 1890 hatten 25 Prozent aller Haushalte einen oder mehrere Logiergäste. Auch Steinbach hat zeitweilig untervermietet.

3.2. Die Hamburger Arbeiterbewegung und das Ende des Sozialistengesetzes (1886-1890)

Nach dem Erlass des Sozialistengesetzes gelang es den Hamburger Sozialdemokraten, binnen weniger Jahre eine gut funktionierende illegale Organisation aufzubauen. Über die Fachvereine wurde die Kommunikation gesichert und Geld für die Partei gesammelt. Die Parteikasse war 1885 so gut gefüllt, dass die Hamburger Genossen unter anderem den Kieler Wahlkampf mitfinanzieren konnten.[107] In den Jahren unter dem Sozialistengesetz begründete die Hamburger SPD ihren Ruf als „finanzielle Säule der Gesamtpartei".[108]

Nachdem Hachmann 1886 Polizeisenator geworden war, verschärfte sich die Lage für die Sozialdemokraten. Insbesondere in den Jahren 1887/88 führte eine große Anzahl von Hausdurchsuchungen zu Verhaftungen, Ausweisungen und Geheimbundprozessen. Aber der wachsenden Bewegung konnte damit kein Einhalt mehr geboten werden.[109]

Ebenso wie die Polizeibehörde betrachteten auch die Unternehmer das Wachsen der Arbeiterbewegung mit Missfallen. Eine Streikwelle in den Jahren 1888/89 gab den Anstoß zum Zusammenschluss Hamburger Unternehmer. Der 1890 gegründete Arbeitgeberverband Hamburg-Altona verstand sich als Kampforganisation zur Rettung der bürgerlichen Ordnung vor der Arbeiterbewegung, die als „Umsturzbewegung" gewertet wurde.

Der Verband, der zum Zentrum der Arbeitgeberorganisation in Deutschland wurde, war einer der Faktoren, die bis 1892 für die Halbierung der Zahl der freigewerkschaftlich organisierten Arbeiter in der Hansestadt

---

106 Kutz-Bauer: Arbeiterschaft , S. 420, 422. Ullrich, S. 14. Eine lebendige, manchmal ein wenig blumige Beschreibung der Stadtentwicklung gibt Schult, S. 79-92.

107 Kutz-Bauer: Arbeiterschaft, S. 322-327.

108 Kutz-Bauer: „Der Bahn, der kühnen, folgen wir, die uns geführt Lassalle", in: Bauche/Eiber/Wamser/Weinke: „Wir sind die Kraft". Arbeiterbewegung in Hamburg von den Anfängen bis 1945, Hamburg 1988, S.42.

109 Ebd.

sorgten. Außerdem sorgte die kompromisslose Politik der Arbeitgeberorganisation in den Jahren bis zum Ersten Weltkrieg für eine Verschärfung der Gegensätze. Die Arbeitgeber erreichten eine fast vollständige Absicherung ihrer Interessen vor Arbeitskämpfen, monopolisierten den Arbeitsnachweis und konnten so aktive Gewerkschafter von der Arbeitsvermittlung ausschließen und damit existentiell bedrohen.[110]
Trotz dieses starken Drucks waren die Voraussetzungen für den Aufbau einer starken Arbeiterbewegung in Hamburg günstig. Zum einen entwickelte sich die Wirtschaft abgesehen von der „Stockungsphase" 1890-94 äußerst positiv. Darüber hinaus war die Wirtschaftsstruktur differenziert und das politische Klima im Vergleich zu Preußen, also auch zum benachbarten Altona, liberal.[111]

3.3. Die Entwicklung der Gewerkschaften nach 1890

Der 1. Mai 1890 brachte den Hamburger Gewerkschaften eine katastrophale Niederlage. Die Unternehmer reagierten auf den eintägigen Arbeitskampf von etwa einem Drittel aller Arbeiter mit einer mehrwöchigen Aussperrung der Beteiligten. Die Folgen des verlorenen Ausstandes waren noch im Frühjahr des folgenden Jahres schmerzhaft zu spüren. Die Gewerkschaftskassen waren leer und die Versammlungen schlecht besucht.[112] Darüber hinaus waren, auf Grund der Konjunkturkrise und der Folgen der Choleraepidemie von 1892, statt 41.000 (1890) 1895 nur noch 11.817 Arbeiter in den freien Gewerkschaften organisiert,[113] so dass die Gewerkschaftsbewegung um ihr Überleben bangen musste.
Von den Arbeitern wurde unter diesen Voraussetzungen der Nutzen der Gewerkschaften skeptisch beurteilt, wie aus den Überwachungsberichten der Hamburger Polizei hervorgeht: „Mit den Gewerkschaften könnten sie erst recht nichts erreichen, indem sich das Kapital immer mehr in den Händen der Kapitalisten ansammelt und die dann eine Großmacht bilden, wogegen sie mit ihren kleinen Gewerkschaften nichts machen können",

---

110 Saul: „Verteidigung der bürgerlichen Ordnung" oder Ausgleich der Interessen? Arbeitgeberpolitik in Hamburg-Altona 1896 bis 1914, in: Herzig/Langewiesche/Sywottek, S. 261-282. Ullrich, S. 50-65. Zur Verschärfung der Klassengegensätze, vgl. S. 44

111 Kutz-Bauer: Arbeiterschaft, S. 444

112 Ebd., S. 358-361. Zur Debatte um die Gestaltung des Kampftages vgl. die ausführliche Darstellung bei Bürger: Die Hamburger Gewerkschaften und deren Kämpfe von 1865 bis 1890, zusammengestellt, bearbeitet und herausgegeben von Heinrich Bürger, Hamburg 1899, S. 465-491. Einer derjenigen, die sich gegen die Arbeitsniederlegung ausgesprochen hatten, war von Elm.

113 Saul: „Verteidigung der bürgerlichen Ordnung", S. 263.

Der Achtstundentag ist der Hebebaum, durch den der Riese Proletariat auf die Beine gestellt und in den Stand gesetzt wird, von seinen Kräften Gebrauch zu machen.   F. Domela Nieuwenhuis, 1889.

Maiplakat

sagte ein Arbeiter bei einem Kneipenbesuch gegenüber Kollegen.[114]
Der Aufschwung brachte auch für die Gewerkschaftsbewegung eine Wende. Die Mitgliederzahl stieg kontinuierlich an. 1907 waren 42,6 Prozent aller Arbeiter und Arbeiterinnen in Hamburg gewerkschaftlich organisiert. Dabei nahm die Zahl der Einzelverbände im Gewerkschaftskartell zu Gunsten einer größeren Konzentration in den Industrieverbänden

---

114 Evans: Kneipengespräche im Kaiserreich. Stimmungsberichte der Hamburger Politischen Polizei 1892–1914, Reinbek bei Hamburg 1989, S.231. Im Folgenden zitiert als: Kneipengespräche.

ab.[115] Am Vorabend des Ersten Weltkrieges gab es in Hamburg mehr Gewerkschaftsmitglieder als in den meisten Flächenstaaten.[116]

Mit dem Wachsen der Bewegung wuchs nach der Jahrhundertwende auch der bürokratische Apparat der Gewerkschaften. Diese Entwicklung wurde dadurch verstärkt, dass neben der Generalkommission der Gewerkschaften auch viele Zentralverbände ihren Sitz in Hamburg hatten. Da die Fluktuation unter den Gewerkschaftsmitgliedern sehr hoch war, hatte die Führungsschicht als einzig stabiles Element eine sehr starke Stellung.[117] Die wachsende Größe führte aber auch zu einer gewissen Unbeweglichkeit in den Gewerkschaftsorganisationen. So wurde 1899 in der Verbandszeitschrift der Zimmerer geklagt, dass „seit Jahren eine zunehmende geistige Erstarrung Platz gegriffen hat. ... [die Gewerkschaftsbewegung] pflegt die Selbstkritik nicht; diese ist vielmehr außerordentlich verpönt... An die Stelle der natürlichen Weiterentwicklung tritt daher die Projektion, das Erfinden neuer Mittel, kurz, der Dilettantismus".[118]

Zu diesem Zeitpunkt war deutlich geworden, dass die Aufgaben und Ziele des Gewerkschaftskartells neu definiert werden mussten. Durch eine Statutenänderung legten die Kartelldelegierten fest, dass nur noch in Ausnahmefällen finanzielle Streikunterstützung geleistet werden sollte. Gleichzeitig entschieden sich die Delegierten für den Bau eines Gewerkschaftshauses. Das Gewerkschaftskartell sollte in Zukunft verstärkt dem kulturellen Bereich in der Arbeiterbewegung Geltung verschaffen. Die Kartellmitglieder wollten durch das Gewerkschaftshaus am Besenbinderhof „den Zusammenhalt der Arbeiter immer mehr festigen".[119] Gleichzeitig war der Bau des „roten Rathauses", das nicht zufällig Assoziationen an das Hamburger Rathaus weckte und dem geplanten Hauptbahnhof gegenüber lag, auch eine Demonstration des starken Selbstvertrauens der Hamburger Arbeiterschaft.[120]

3.4. Hamburg: „Hochburg der Sozialdemokratie"

Zwischen 1880 und 1890 gelang es der SPD, alle drei Hamburger Wahlkreise für den Reichstag zu erobern. Dabei wurde der erste Wahlkreis von dem populärsten Führer der Sozialdemokratie, August Bebel, vertreten.

---

115 Ullrich, S. 67

116 Schönhoven: Die deutschen Gewerkschaften, S. 80.

117 Ullrich, S. 72 und S. 85. Ein anschauliches Beispiel ist die Machtstellung Steinbachs im Zentralverein der Plätterinnen. Vgl. Kapitel 4.1.8.

118 Der Zimmerer Nr. 4, 28.1.1899. Die Kritik bezog sich hauptsächlich auf die Diskussion über die Beteiligung der Gewerkschaften an den Genossenschaften. Zum „Apparatdenken" der gewerkschaftlichen Führungsschicht, vgl. Ullrich, S. 86f.

119 Zitiert nach: Domansky: Der „Zukunftsstaat am Besenbinderhof", in: Herzig/Langewiesche/Sywottek, S. 378

120 Ebd. S. 380ff.

Die Hamburger SPD war eine der größten Lokalorganisationen der Partei und die Genossen waren stolz darauf, einen Beitrag an den Parteivorstand abzuführen, der weit über den vorgesehenen 20 Prozent der Mitgliedsbeiträge lag. Mit der Verlagsanstalt Auer & Co. hatte eine der größten Parteidruckereien ihren Sitz in Hamburg. Das „Hamburger Echo" war vor dem Ersten Weltkrieg mit einer Auflage von mehr als 76.000 Exemplaren die zweitgrößte sozialdemokratische Tageszeitung in Deutschland.[121]

Der III. Hamburger Wahlkreis, der das größte Gebiet umfasste, hatte 1903 8.257 Mitglieder, 1914 waren von 67.862 Parteigenossen und -genossinnen 49.422 im III. Wahlkreis organisiert.[122]

1904 waren von 18.186 Parteimitgliedern 1.438 Frauen, diese Zahl erhöhte sich bis 1913 auf 9.335 von 61.839 insgesamt. Der Anteil der Frauen lag 1907 mit circa neun Prozent weit über dem Reichsdurchschnitt. 1913 lag er mit etwas über 15 Prozent nur noch knapp darüber.[123] Allerdings waren nur wenige der Sozialdemokratinnen Arbeiterinnen. Die meisten von ihnen waren nichterwerbstätige Ehefrauen von organisierten Genossen.[124]

Die 20- bis 30jährigen und die 30- bis 40jährigen machten den größten Teil der Hamburger SPD-Mitglieder aus. Die 40- bis 50jährigen, zu denen auch Helma Steinbach gehörte, bildeten zwar auch noch eine relativ starke Gruppe, insgesamt aber verjüngte sich die Partei vor 1914 leicht.[125]

Mit Otto Stolten zog 1901 der erste sozialdemokratische Abgeordnete in die Hamburgische Bürgerschaft ein. Dies war erst durch das Bürgerrechtsgesetz von 1896 möglich geworden. Die Partei ermutigte die Arbeiter daraufhin, das Bürger- und somit Wahlrecht zu erwerben. 1903 erhielt die SPD 62 Prozent aller Stimmen. Die bürgerlichen Parteien reagierten auf die Bedrohung ihrer Macht mit dem „Wahlrechtsraub" von 1906, mit dem das Klassenwahlrecht nach Einkommen eingeführt wurde, wodurch das herrschende Privilegienwahlrecht noch stärker zu Ungunsten der Arbeiterschaft eingeschränkt wurde.[126] Am Abstimmungstag kam es zu einer Massendemonstration mit mehr als 100.000 Teilnehmern und Teilnehmerinnen. Dieser Generalstreik war der erste politische Massenstreik in Deutschland. Die Verabschiedung der Vorlage konnte er nicht verhin-

121 Ullrich, S. 73f.

122 Ebd., S. 74f.

123 Jahresbericht SPD Landesorganisation 1904, S. 16f, Jahresbericht 1907, S. 16, Jahresbericht 1912/13, S. 51. Niggemann, S. 78. Der höhere Anteil der Frauen in der Hamburger SPD erklärt sich durch das im Vergleich zu Preußen liberale Hamburger Vereinsgesetz. Der Anteil der Frauen in den freien Gewerkschaften blieb immer unter dem der Partei. Vgl. Dasey, S. 441.

124 Ullrich, S. 77.

125 Fricke: Handbuch zur Geschichte der deutschen Arbeiterbewegung 1869-1917, 2 Bde., Berlin 1987, Bd. 1, S. 336. Ullrich, S. 76f.

126 Eckard, Wahlrecht und Wahlen in Hamburg, in: Asendorf/Kopitzsch/Steffani/Tormin (Hrsg.): Geschichte der Hamburgischen Bürgerschaft. 125 Jahre gewähltes Parlament. Berlin 1984, S. 131.

dern. In den folgenden Jahren erfüllte sie ihren Zweck, den sozialdemokratischen Einfluss in der Bürgerschaft stark einzuschränken.[127]

Über die Politik hinaus war die Arbeiterbewegung in der Hansestadt auch ein kultureller Faktor. Die Zugehörigkeit zur Sozialdemokratie zeigte sich nicht nur in Versammlungen oder, wenn möglich, durch die Agitation am Arbeitsplatz, sondern erstreckte sich auf alle Lebensbereiche. Kultur- und Bildungsveranstaltungen, genauso wie Tanzvergnügen dokumentierten das Zusammengehörigkeitsgefühl der sozialdemokratischen Arbeiterschaft. Eine der ersten proletarischen Kulturinitiativen war die Gründung der „Freien Volksbühne". Der Verein versuchte, das moderne Drama zu fördern, eine Sparte, die den bürgerlichen Theatern nicht opportun erschien. Schon kurze Zeit nach ihrer Gründung hatte die Volksbühne 2.000 Mitglieder und veranstaltete regelmäßig Aufführungen.[128] Es gab außerdem diverse Arbeitersänger- und Arbeitersportvereine und eine „Zentralkommission für das Arbeiterbildungswesen", die unter anderem Vorträge, Rezitationen und Sommertheater für das Arbeiterpublikum organisierte.[129]

3.5. Wachsender Einfluss der Revisionisten in der Hamburger Arbeiterbewegung

Nach der Jahrhundertwende wuchs der Einfluss der Revisionisten[130] in der Hamburger Arbeiterbewegung deutlich. Hamburg wurde für die deutsche Arbeiterbewegung zum „Zentrum des Revisionismus".[131] Durch die starke Stellung der Arbeitgeber in Hamburg wurde die Risikobereitschaft der Gewerkschaftsfunktionäre immer geringer, je mehr bei den Arbeitskämpfen zu verlieren war. Die Politik der Funktionäre ging dahin, Arbeitskonflikte möglichst auf dem Verhandlungswege zu lösen. Die Größe der Organisationen sollte dabei als Druckmittel wirken. Die Erfolge dieser Taktik begünstigten nach Ansicht von Ullrich „illusionäre Vorstellungen über die in den Grenzen der kapitalistischen Gesellschaft erreichbaren Ziele einer am Tageskampf orientierten Arbeiterpolitik ... Zusammen mit den ... Tendenzen der Organisationsbürokratie ‚gaben sie die reale Stütze

---

127 *Schult, S. 72ff. Bauche/Eiber/Warnser/Weinke, S. 58. Ullrich, S. 48.*

128 *Schult, S. 94f. Vgl. Kapitel 2.5.5.*

129 *Schult, S. 151ff bietet eine ausführliche Darstellung über das „innere und geistige Leben in der Hamburger Arbeiterbewegung".*

130 *Die Revisionisten stellten die Theorie der Partei in Frage und suchten nach Anpassungsmöglichkeiten der Partei an den bestehenden Staat und die bestehende Gesellschaft. Der Wortführer und Theoretiker des sogenannten „revisionistischen" Flügels der SPD war Eduard Bernstein. Vgl. Abendroth, S. 42.*

131 *Ullrich, S. 82.*

für die Herausbildung einer reformistischen Philosophie des Klassen-kampfes ab, die zur ideologischen Rechtfertigung der von allen Grundsät-zen unbeschwerten opportunistischen Praxis wird".[132]

Einer der herausragenden Vertreter des Revisionismus in Hamburg war Adolph von Elm. Für ihn waren die „messbaren Fortschritte" der Maßstab seiner Politik. Im Zusammenhang mit der Gründung der Konsumgenos-senschaft „Produktion" berief er sich auf die Revisionismustheorie Eduard Bernsteins. Die Verhältnisse sollten systemimmanent geändert werden, um so die Voraussetzungen für eine sozialistische Gesellschaftsordnung zu schaffen.[133]

Die Absage an die Revisionisten auf dem Parteitag in Hannover 1899 und erneut in Dresden 1903 änderte nichts an seiner Einstellung, sie wurde nur weniger offen verkündet. 1904 bezeichnete sich von Elm wieder unum-wunden als Revisionist und propagierte statt der revolutionären die evolu-tionäre Umgestaltung der kapitalistischen Ordnung in eine sozialistische.[134]

Von Elm glaubte, eine Wandlung der herrschenden Ordnung mit Hilfe des Genossenschaftswesens durchsetzen zu können. Damit wurde den wirtschaftlichen Arbeiterorganisationen eine größere Bedeutung als der politischen Bewegung eingeräumt.[135] Die Konsumgenossenschaft „Pro-duktion" war seit ihrer Gründung eine starke Basis für die Revisionisten in der Hamburger Arbeiterbewegung, allen voran von Elm und Steinbach.

Die enge Verflechtung von Genossenschafts- und Gewerkschaftsbürokra-tie hatte ihre Ursache in der direkten finanziellen Beteiligung der Gewerk-schaften an den Genossenschaftsgründungen. Durch die personellen Überschneidungen bestand außerdem weitgehende Einigkeit über Mög-lichkeiten und Ziele ihrer Politik.[136]

Viele der Parteiführer hatten ihre Karriere in einer Gewerkschaft begon-nen. Wie auch in den Gewerkschaften gab es in der Führungsriege der Partei eine große personelle Kontinuität. Das führte dazu, dass die höheren Parteifunktionäre im Durchschnitt wesentlich älter als die meisten Partei-mitglieder waren. Die Älteren waren noch stark von den Erfahrungen des Sozialistengesetzes geprägt und tendierten daher zu „einer vorsichtig prag-matischen Politik".[137]

Ab 1905 gelang es den Gewerkschaftsvertretern, ihren Einfluss in der Hamburger SPD merklich zu vergrößern. Viele Bereiche, so unter ande-rem die Presskommission, wurden durch den reformistischen Flügel domi-

---

132 Ebd., S. 89.
133 Sywottek, S. 161. Ullrich. S.94.
134 Ullrich, S. 95.
135 Ahrens, S. 201ff.
136 Ullrich, S. 94. Zur personellen Verbindung zwischen Gewerkschaften und Genossenschaften, vgl. Ahrens, S. 18ff.
137 Ullrich, S. 100f.

Das Hamburger Gewerkschaftshaus

niert. Auch in der Referentenvermittlung durch die SPD-Landesorganisation kamen immer mehr Reformisten, besonders Gewerkschaftsvertreter, zum Zuge.[138] Formal wurde an den Grundsätzen der Partei festgehalten. In der Praxis dominierte in den Jahren vor dem Ersten Weltkrieg längst die revisionistische Linie,[139] die ihre Fortsetzung im August 1914 in der „Burgfriedenspolitik" finden sollte.

3.6. Der Konsum-, Bau- und Sparverein „Produktion"

Die Idee zur Gründung einer Konsumgenossenschaft war bereits während des großen Hafenarbeiterstreiks 1896/97 entstanden. Von Elm, einer der Leiter des Streiks, wollte „große Verbrauchergemeinden" schaffen, „um auf diese Weise den Arbeiter der Willkür des kapitalistischen Unternehmers zu entziehen".[140] Im März 1897 fanden die ersten Besprechungen zwischen von Elm, dem Kaufmann Raphael Ernst May und Steinbach statt. Sie wandten sich mit ihren Vorschlägen an das Gewerkschaftskartell.[141]

Der Plan einer groß angelegten Genossenschaftsgründung war in den Hamburger Gewerkschaften umstritten. Vielen Gewerkschaftern schien

138 Ebd., S. 102ff. Im Geschäftsjahr 1907/08 lag von Elm mit 61 Vorträgen an der Spitze der vermittelten Referenten. Jahresbericht Landesorganisation SPD 1907/08, S. 23.

139 Ullrich, S. 1151.

140 Mendel/Rieger, S. 14ff.

141 Ebd., S. 19.

Flugblatt zur Gründung der „Produktion"

das unternehmerische Risiko zu groß. Sie befürchteten, dass sich ein Scheitern negativ auf die Gewerkschaften und das Kartell auswirken könnte. Auch in der SPD gab es sowohl taktische als auch ideologische Bedenken gegen das Projekt. Deshalb betonten Befürworter des Vorhabens und führende Mitglieder der Partei immer wieder, dass es sich nicht um eine sozialdemokratische Gründung handele.[142]

142 Ebd., S. 25. Ullrich, S. 81. Zu den Debatten in den Gewerkschaften, vgl. S 7290, Bd.1, 14.12.1898. HE Nr.303, 28.12.1898.

Am 24. Januar 1899 fand in Schwaffs „Hamburger Ballhaus" die konstituierende Generalversammlung des „Konsum-, Bau- und Sparvereins ,Pro-
duktion"' statt. Zwei Wochen später wurden fünf Meldestellen eröffnet,
und zur 1. Generalversammlung am 5. Mai waren bereits 1.580 Menschen
Mitglieder der „Pro". Das Betriebskapital lag bei 15.000 Mark. Am 17. Juli
wurde die erste Verkaufsstelle am Groß-Neumarkt eröffnet.[143]

Mit der Gründung der „Produktion" war die Genossenschaftsidee erheblich erweitert worden. Die Organisation des Konsums sollte die materielle
Lage der Arbeiterschaft verbessern und auf diesem Wege ihre Wider-
standsfähigkeit gegenüber dem kapitalistischen Wirtschaftssystem stei-
gern. Eines der wichtigsten Ziele der „Produktion" war, den Arbeitern
gute Ware zu einem niedrigen Preis anzubieten. Die „Dividendenjägerei"
[144] sollte abgeschafft oder zumindest eingeschränkt werden. In eigenen
Produktionsstätten sollten Arbeitsplätze zur beruflichen Sicherung von
Funktionären und Agitatoren der Gewerkschaften entstehen.[145] Großer
Wert wurde auf die Errichtung eines Notfonds aus Dividenden gelegt, aus
dem bei Arbeitslosigkeit, Krankheit und anderen Notfällen Barzahlungen
geleistet wurden.[146]

Das schnelle Wachstum der „Produktion" überstieg die Erwartungen aller
Beteiligten. Ende 1899 hatte der Verein 2.859 Mitglieder. 1911 konnten
49.312 Mitglieder ihren Bedarf in 69 Verkaufsstellen, 19 Schlachter-, acht
Brot- und zwei Grünwarenläden decken. Der Umsatz erreichte 1911
16.511.790,73 Mark.[147] 1903 wurden ein Bäckereibetrieb und eine Schlachte-
rei eröffnet, und die Zahl der Beschäftigten stieg von 31 (1899) auf 1.100
(1911}. Die Genossenschaft hatte in diesem Zeitraum außerdem 736 Woh-
nungen fertiggestellt.[148]

Der außergewöhnliche Erfolg dieses Arbeiterunternehmens wurde auf
bürgerlicher Seite und vor allem von den Kleingewerbetreibenden mit
Misstrauen und Neid gesehen. Der Versuch, durch eine spezielle „Kon-
sumvereinssteuer" einerseits Defizite im Hamburger Haushalt auszuglei-
chen und die Genossenschaften im Wettbewerb einzuschränken, scheiterte, weil sich der „Konsum-, Bau und Sparverein ,Produktion"' 1911 in eine
GmbH umwandelte.[149]

---

143 *Mendel/Rieger, S. 34ff.*
144 *Die bürgerlichen Konsumvereine warben neue Mitglieder mit dem Versprechen höherer Dividendenausschüttungen.*
Vgl. Ahrens, S. 48 und S.136.
145 *Ahrens, S. 35ff, 47f, 122ff. Ullrich, S. 80.*
146 *Ahrens, S. 133.*
147 *Konsum-, Bau- und Sparverein „Produktion", Geschäftsbericht für das 13. Geschäftsjahr (1911), S. 5ff.*
148 *Ebd., S. 26ff. Ullrich, S. 81.*
149 *V 334a, Bd. 27, 22.4.1911. Mendel/Rieger/Postelt, S. 96ff.*

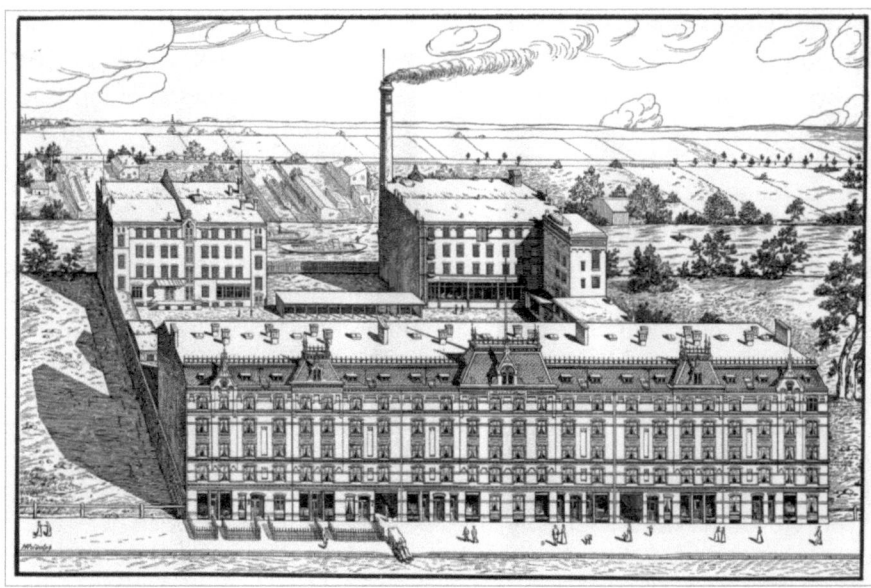

Zentrale der „Produktion"

3.7. Die Durchsetzung der „Burgfriedenspolitik" in der Hamburger Arbeiterbewegung

Im Ersten Weltkrieg schloss sich die „Produktion" der Politik von SPD- und Gewerkschaftsführung und somit der bedingungslosen Zustimmung zu den Kriegskrediten und der Unterwerfung unter den „Burgfrieden" an. Parteivorstände, Kartellkommission und Geschäftsleitung der „Pro" erlegten ihren Beschäftigten eine Extrasteuer auf, mit der ein Kriegshilfefonds für in Not geratene organisierte Arbeiter und ihre Angehörigen geschaffen wurde.[150] Die „Produktion" „beteiligte sich auch an allen in ihrem Rahmen liegenden öffentlichen Maßnahmen zur Förderung des Gemeinwohls".[151] Die Leitung der „Produktion" unterstützte die Kriegspolitik des Senats und der kommunalen Behörden. Am 14. August wurde die Bäckerei dem Proviantamt für militärische Zwecke zur Verfügung gestellt. Die Genossenschaften wurden mit ihrem dichten Verteilungsnetz ein unverzichtbarer Bestandteil der Lebensmittelversorgung in Hamburg. Mit Befriedigung sahen die Genossenschaftler, dass die Behörden ge-

---

150 *Ullrich, S. 160.*
151 *Mendel/Rieger, S. 81.*

44

zwungen waren, „unter Ausschaltung aller politischen Vorurteile" mit den Konsumgenossenschaften zusammenzuarbeiten.[152]

SPD und Gewerkschaften bemühten sich mit breit angelegter Propaganda, die Hamburger Arbeiterschaft auf die Politik des 4. August, also die Bewilligung der Kriegskredite durch die Reichstagsfraktion, einzuschwören. Die sozialdemokratische Fraktion in der Bürgerschaft stimmte allen Kriegsvorlagen zu. Die Gewerkschaften brachen laufende Lohnbewegungen ab, Streiks sollten während des Krieges nicht stattfinden, Streikunterstützung wurde nicht gezahlt.[153]

Beide Arbeiterorganisationen litten unter einem starken Mitgliederrückgang. Die Einberufung vieler Funktionäre verstärkte das Problem. Die Gewerkschaften mussten darüber hinaus bei sinkenden Einnahmen wegen steigender Arbeitslosigkeit mehr Unterstützungszahlungen leisten.[154]

Der Krieg verschlechterte die materielle Lage der Arbeiterschaft beträchtlich. Die Lähmung von Handel und Schifffahrt führten zunächst zu einer Massenarbeitslosigkeit ungeahnten Ausmaßes. Das Gewerkschaftskartell beteiligte sich sofort an dem Zusammenschluss der größten Wohlfahrtsvereine, der „Hamburger Kriegshilfe", und konnte so einen Teil des Massenelends lindern, auf das die Behörden völlig unzureichend reagierten.[155]

Die „uneingeschränkte Indienststellung" der „Produktion" ebenso wie der Partei und der Gewerkschaften für die Kriegspolitik zeigt nach Ullrich aber auch, „in welchem Ausmaß sich die revisionistische Strömung vor 1914 in der Hamburger Arbeiterbewegung verankern konnte".[156]

Während in den ersten Kriegsmonaten die Löhne eingefroren und zum Teil sogar rückläufig waren, stiegen die Lebenshaltungskosten steil an. Mit den Preissteigerungen für Lebensmittel konnten auch die ab 1916 wieder steigenden Löhne nicht Schritt halten. Während des Krieges nahm die Frauenerwerbstätigkeit sehr stark zu. Betrug der Anteil der Frauen in der Industrie 1913 noch 20,5 Prozent, lag er bis 1918 bei 33,1 Prozent. Da die Arbeiterinnen ihre Berufstätigkeit meist als ein Übergangsstadium ansahen, waren sie besonders schwer gewerkschaftlich zu organisieren.[157]

Die Hamburger Sozialdemokratinnen unterstützten in den ersten Kriegsmonaten die Politik der Parteiführung. Viele Genossinnen arbeiteten in den „Kriegsküchen" mit, die Teil der „Hamburger Kriegshilfe" waren. Mit

---

152 *Mendel/Rieger/Postelt: Die Hamburger Konsumgenossenschaft „Produktion" 1899–1949. Geschichte einer genossenschaftlichen Verbraucherorganisation von der Gründung bis zum fünfzigsten Geschäftsabschluß und ihrer Vorläufer, Hamburg 1949, S. 118ff.*

153 *Ebd.*

154 *Ebd., S. 159.*

155 *Ebd., S. 147ff und S. 161.*

156 *Ullrich, S. 162.*

157 *Ebd., S. 235ff und S. 249.*

der zunehmenden Verschlechterung der wirtschaftlichen und sozialen Lage nahm, wie in allen Bereichen der Arbeiterorganisationen, auch in der sozialdemokratischen Frauenbewegung die Kritik an der Parteiführung zu.

Dennoch blieb die Mehrheit der Sozialdemokratinnen nach der Parteispaltung in der Mehrheits-SPD, obwohl sich die erste Frauenversammlung nach Kriegsbeginn, am 20. Februar 1917, noch mit Louise Zietz und Clara Zetkin solidarisiert hatte, nachdem diese von der Parteileitung wegen ihrer offenen Opposition gemaßregelt worden waren. Die einzige Rednerin, die sich gegen die Resolution aussprach, war Johanna Reitze, die von Helma Steinbach bei der Leitung der MSPD-Frauenorganisation unterstützt wurde.[158] Eine Spaltung der Partei wurde von den Genossinnen trotz wachsender Antikriegsstimmung grundsätzlich abgelehnt. Stattdessen ordneten sie sich, zum Teil mit gemischten Gefühlen, den Mehrheitsbeschlüssen unter.[159]

4. Die Gewerkschafterin

4.1. Der Zentralverein der Plätterinnen

Der Gedanke, einen Verein zu gründen, der speziell die Interessen der Plätterinnen vertreten sollte, war bereits 1886 entstanden. In einer öffentlichen Versammlung des Vereins zur Vertretung der gewerblichen Interessen der Frauen und Mädchen Hamburgs wurden die schlechten Arbeitsbedingungen der Plätterinnen geschildert. Da die Arbeiter-Frauenbewegung sich erst im Aufbau befand, reichten die Kapazitäten nicht aus, eine eigene Branchenorganisation für die Plätterinnen zu gründen. Erst vier Jahre später konnte Helma Steinbach mit dem Aufbau eines Plätterinnenvereins beginnen.[160]

---

158 *Hagemann: Frauenalltag und Männerpolitik. Alltagsleben und gesellschaftliches Handeln von Arbeiterfrauen in der Weimarer Republik, Bonn 1990, S. 523ff. Im Folgenden zitiert als: „Frauenalltag".*

159 *Ebd., S. 526.*

160 *V 43, 19.6.1886. Frau Blohm schilderte in der Versammlung die miserablen Arbeitsbedingungen der Plätterinnen und meinte, „daß hier nur ein guter Verein helfen könne". Die Angabe Kutz-Bauers, dass der Arbeiter-Frauen- und Mädchen Verein von Altona, Ottensen und Umgebung schon in den siebziger Jahren mit der Organisation der Plätterinnen begonnen habe, wird von ihr nicht belegt. Vgl. KutzBauer: Arbeiterschaft, S. 233.*

4.1.1. Arbeitsbedingungen in den Wäschereibetrieben

Die Plätterinnen hatten unter harten und gesundheitsschädlichen Arbeitsbedingungen zu leiden. Ein 14-stündiger Arbeitstag in unzureichend belüfteten Räumen stellte keine Ausnahme dar, er wurde manchmal noch überschritten.[161] 1907 waren in Hamburg von den 9.000 Arbeitskräften in Wäschereibetrieben 5.000 Frauen. Das Plätten war eine Frauendomäne. Je nach Qualifikation schwankte der Monatslohn zwischen 12 und 18 Mark, in Ausnahmefällen höchstens 36 Mark, plus Kost und Logis. Für harte körperliche Arbeit: Die Plätterinnen mussten die schwere nasse Wäsche heben und sich häufig bücken. Im Winter waren die Räume feucht und kalt, im Sommer brütend heiß. Zu den typischen Berufskrankheiten der Wäschereiarbeiterinnen zählten Rheuma, Krampfadern und Ekzeme. Auch Verbrennungen und Fehlgeburten waren verbreitet.[162]

4.1.2. Gründung des Zentralvereins der Plätterinnen

Die Gründungsversammlung des Zentralvereins der Plätterinnen fand am 11. Februar 1890 unter der Beteiligung von circa 300 Plätterinnen statt. Die Versammlung war zwar von der Plätterin Dora Pahl einberufen und eröffnet worden, aber Helma Steinbach war die eigentlich Verantwortliche. Sie begann mit einem Vortrag über die Lage der Plätterinnen, deren Arbeitszeit so lang sei, dass „sie nicht einmal die Zeit hätten, sich die Strümpfe zu stopfen". Dementsprechend war eine ihrer wichtigsten Forderungen die Abschaffung des bis zu 16stündigen Arbeitstages zugunsten eines Zehnstundentages, sowie die Bezahlung von Überstunden.[163]

Einen Monat vor Gründung des Zentralvereins der Plätterinnen hatte sich in Winterhude ein Verein der in Bleichereien und Plättereien beschäftigten Arbeiter und Arbeiterinnen gebildet. Die Bleicherknechte wollten eine Verbesserung ihrer Löhne und eine Verkürzung der Arbeitszeit durchsetzen. Die Arbeitsbereiche der Bleicherknechte und der Plätterinnen waren eng miteinander verbunden. Deshalb lag es im Interesse der Bleicherknechte, die Plätterinnen zu organisieren, da sie ohne deren Unterstützung kaum hoffen konnten, ihre Forderungen durchzusetzen.[164]

---

161 *Bürger, S. 129.*

162 *Dasey, S. 225-228. Bürger, S. 122, zitiert im Zusammenhang mit der Plätterinnenbewegung von 1890 den „Nothschrei" einer Plätterin aus dem Jahre 1876 mit der Begründung, dass sich auch Ende der neunziger Jahre an diesen Zuständen nichts geändert hätte.*

163 *V 228, 14.2.1890. Bürger, S. 522 nennt 197 eingetragene Mitglieder. Der Gründungstermin wurde zum Teil um ein Jahr auf Februar 1889 vorverlegt. So Morgenstern: Frauenarbeit in Deutschland, T. II, Berlin 1893, S. 137. Louise Zietz in HE vom 14.7.1901. Die Akten der Politischen Polizei und die entsprechenden Zeitungsartikel widerlegen diese Angaben. Vgl. V 227 und V 228.*

164 *Der Verein der Bleicherknechte hatte eine kürzere Lebensdauer als der Verein der Plätterinnen. Vgl. Bürger: S. 522.*

Die Bleicherknechte hatten sich an Steinbach gewandt, damit sie Mitglieder für den Verein werben sollte.[165] Nach Beratungen wurde jedoch beschlossen, für die Plätterinnen einen eigenen Verein zu gründen.[166] Steinbach wollte Arbeiterinnen in eigenen Frauenvereinen organisieren und nicht in gemeinsamen Vereinen mit Arbeitern derselben Branche. Die von ihr geäußerte Erwartung, „auf diese Weise mehr erzielen zu können", offenbarte ein gehöriges Misstrauen gegenüber den Bleicherknechten. Steinbach war der Ansicht, dass es ihnen nicht darum ging, die Plätterinnen als gleichberechtigte Kolleginnen in ihren Verein aufzunehmen.

Um die Frauen in den Verein zu ziehen, hatten die Bleicherknechte den Plätterinnen erzählt, mit einem kurzen Streik wären die Arbeitsbedingungen leicht zu verbessern. Wie wenig die Bleicherknechte selbst von den Voraussetzungen erfolgreicher gewerkschaftlicher Organisation begriffen hatten, lässt sich daraus ersehen, dass sie die Bewegung auf den Stadtteil Winterhude beschränken wollten. Die gewerkschaftlich und politisch unaufgeklärten Frauen wurden von den Kollegen dazu getrieben, einen Arbeitskampf zu beginnen, auf den sie nicht vorbereitet waren.[167]

Als Helma Steinbach den Aufbau eines Plätterinnen-Verbandes in Angriff nahm, war es im Gegensatz zu den Bleicherknechten nicht ihr Ziel, schnellstmöglich einen Arbeitskampf zu beginnen. Die systematische politische Aufklärung der Arbeiterinnen war für Steinbach die Voraussetzung, um Kampfmaßnahmen überhaupt planen zu können.

Steinbach hatte nach eigenen Angaben den Beruf der Plätterin erlernt, ihn aber seit ihrer Jugend nicht mehr ausgeübt.[168] Ihr ging es nicht darum, eine bestimmte Berufsgruppe gewerkschaftlich zu organisieren. Sie verstand sich als Fürsprecherin aller weiblichen Proletarier. Dass es gerade die Plätterinnen waren, für die sie sich so energisch einsetzte, ist der Initiative der Bleicherknechte zu verdanken und dem Umstand, dass sie im Mai 1889 aus dem Verein der Hand-, Weiß- und Maschinennäherinnen ausgeschlossen worden war.[169] Der Verein der Plätterinnen bot ihr ein neues Betätigungsfeld, in dem ihr niemand die Führungsposition streitig machte. Die zumeist jüngeren Mitglieder des Vereins konnten nicht mit ihrer Erfahrung konkurrieren, und Männer durften dem Verein nicht

---

165 Ebd.

166 Ebd. Die „Berathungen in engerem Kreise" lassen darauf schließen, dass Steinbach allein die Entscheidung fällte, weil sie die einzige erfahrene Gewerkschafterin war.

167 HE Nr. 44, 21.2.1891. V 227, 18.2.1891.

168 V 228, 27.3.1890. Befragung Steinbachs durch Polizeioffiziant Ahrens.

169 V 122. 24.5.1889. Vgl. auch Kapitel 2.4.3..

beitreten. Mit unverhohlenem Stolz gab sie der Politischen Polizei zu Protokoll, dass sie als Sachwalterin „vollständig Leiterin des Vereins" sei.[170]

4.1.3. Praktische Ziele

Eine Arbeitszeitverkürzung sollte nach Steinbach die Grundlage für die Aufklärungsarbeit schaffen. Die Arbeiterinnen sollten die hinzugewonnene Zeit sinnvoll nutzen. In der Gründungsversammlung des Vereins erklärte Steinbach den Frauen: „Sie müßten doch einige Stunden für sich haben, um sich zu bilden, sie müßten sich auch mit dem Gang der Geschichte bekannt machen, und ein Blatt in die Hand nehmen." [171] Sie begründete diese Absicht damit, dass ein „Mädchen, welches weiter nichts wüßte, als arbeiten und tanzen, ... auch später, wenn sie verheiratet sei, ihren Mann nicht unterhalten" könne.

Das Festhalten an geschlechtsspezifischen Rollenvorstellungen über die Aufgaben einer Ehefrau war ein taktisches Mittel, um das Publikum zu ködern, wenn auch Steinbach selbst nicht völlig frei von diesen Rollenvorstellungen war. Ihre Zuhörerinnen waren zum großen Teil junge unverheiratete Frauen, für die die Berufstätigkeit ein Übergangsstadium bis zur Heirat darstellte.[172] Die Argumentation Steinbachs richtete sich an eine Berufsgruppe, die durch eine hohe Fluktuation gekennzeichnet war. Die Plätterinnen hofften, wie Arbeiterinnen anderer Berufsgruppen auch, durch eine Heirat die schlechtbezahlte Lohnarbeit aufgeben zu können. Für sie war der Vorteil eines Vereins, für den sie zunächst nur Mitgliedsbeiträge von ihrem äußerst geringen Lohn entrichten sollten, ohne etwas Konkretes dafür zu bekommen, nicht sofort sichtbar. Indem Helma Steinbach Bezug nahm auf die Lebenssituation und Zukunftsplanung dieser Frauen, versuchte sie, ihnen die gewerkschaftliche Organisation schmackhaft zu machen.

Der Paragraph 1 des Vereinsstatus nannte als Zweck des Vereins: „Hebung der materiellen und sittlichen Lage der Plätterinnen":[173] Plätterinnen, die nicht durch ihre Familien unterstützt werden konnten, waren darauf an-

---

170 S 2009 *Aussage Steinbachs vom 27.3.1890:* „Da ich aber schon von jeher bestrebt gewesen bin, die Lage der Arbeiterinnen durch Gründung von Vereinen etc. zu verbessern, ... so habe ich es mir zur Aufgabe gemacht, auch die Lage der Plätterinnen, welche doch eine wirklich schlechte ist, zu verbessern ..." Dass Steinbach in dem Verein die Fäden in der Hand hielt, wurde bereits auf der Gründungsversammlung deutlich, als sie dafür sorgte, dass Frau Ebel vom „Verein der Fabrik und Handarbeiterinnen" das Wort entzogen und sie des Saales verwiesen wurde, weil sie keine Plätterin war. Der eigentliche Beweggrund Steinbachs war wohl, dass sie den Verein der Fabrikarbeiterinnen als Konkurrenz betrachtete.

171 *Ebd.* Die Unterstreichung stammt von einem Beamten, der die Intention Steinbachs offensichtlich mit Misstrauen registrierte.

172 *Dasey, S. 231.*

173 S 2009, *Statut des Central-Vereins der Plätterinnen.*

gewiesen, sich durch Heimarbeit oder gar Prostitution einen zusätzlichen Verdienst zu schaffen.[174] Die Verbesserung der wirtschaftlichen und der „sittlichen" Lage waren also unmittelbar miteinander verbunden.

Die Plätterinnen forderten eine Verkürzung der Arbeitszeit auf zehn Stunden. Für Tagesplätterinnen „außer Kost" verlangten sie in der 1. Kategorie 2 Mark pro Tag, in der 2. 1,80 Mark und in der 3. 1,50 Mark. Der Monatslohn in der 1. Kategorie „außer Kost" sollte M 32 betragen, Überstunden und Arbeit an Sonn- und Feiertagen pro Stunde 30 Pfennig mehr.[175] Steinbach ging es nicht nur um Lohnerhöhung und Arbeitszeitverkürzung. Der Verein sollte darüber hinaus einen eigenen Arbeitsnachweis, Arbeitslosenunterstützung, sowie einen Krankengeldzuschuss anbieten, sowie Rechtsschutz in beruflichen Angelegenheiten leisten.[176] Die Ziele, die Steinbach für den Verein festgelegt hatte, waren sehr ehrgeizig und nur langfristig durch einen festen Zusammenschluss zu verwirklichen.[177]

4.1.4. Überwachung und Schikanierung durch die Polizeibehörde

Ein Zusammenschluss von Arbeiterinnen unter der Leitung einer bekannten Sozialdemokratin wurde von der Hamburger Polizei sofort misstrauisch beobachtet. Nach dem Hamburger Vereinsgesetz von 1851 konnten Vereine und Versammlungen verboten werden, die den „öffentlichen Frieden oder die öffentliche Sicherheit» gefährdeten.[178] Da es in erster Linie von der Einschätzung der anwesenden Polizisten abhing, ob ein Verstoß vorlag, mussten die Einberufer von Veranstaltungen in ihrer Themenauswahl vorsichtig sein und durften nicht von der angemeldeten Tagesordnung abweichen. Außerdem war bis zum Herbst 1890 noch das Sozialistengesetz in Kraft, wenngleich schon abzusehen war, dass der Reichstag es nicht mehr verlängern würde.

Der Beamte Hülfenhaus, der die Versammlungen der Plätterinnen regelmäßig beobachtete, vermerkte explizit, dass zwar Lohnforderungen diskutiert wurden, nicht aber über Politik und Religion gesprochen wurde.[179] Da Helma Steinbach die treibende Kraft im Plätterinnen-Verein war, ver-

---

174 *Bürger, S. 524. Niggemann, S. 124.*

175 *V 227, 21.4.1890. Um 1903 lagen die Löhne der Plätterinnen auf dem schon 1890 geforderten Niveau. Die Arbeitszeit betrug immer noch 13 Stunden. Vgl. Dasey, S. 226ff.*

176 *S 2009, Statut des Central-Vereins der Plätterinnen § 1 Abs. b und c. Der eigene Arbeitsnachweis sollte dem Missbrauch durch professionelle Arbeitsvermittler, die eine Provision kassierten, entgegenwirken. Erst ab 1910 musste für die Stellenvermittlung eine Konzession erworben werden. Der Missbrauch konnte damit nicht völlig abgeschafft werden. Vgl. Losseff-Tillmanns, S. 92.*

177 *S 18 V 228 , 14.2. und 30.4.1890.*

178 *Sammlung der Verordnungen der freien Hanse-Stadt Hamburg. Bd. 22, Vereinsgesetz vom 30.6.1851, Hamburg 1853.*

179 *V 227, 21.4.1890.*

suchte die Polizeibehörde, ihre Auftritte zu verhindern. Am 3. April 1890 erhielt die Vorsitzende des Vereins, Tews, die polizeiliche Aufforderung, Steinbach aus dem Verein auszuschließen, weil sie keine Plätterin sei.[180] Der Versuch der Polizei, so den Verein in Schwierigkeiten zu bringen, scheiterte jedoch. Die Vorsitzende nannte zwei Gründe, warum sie der Aufforderung nicht nachkommen musste. Zum einen arbeite Frau Steinbach mangels anderweitiger Beschäftigung seit Anfang des Monats wieder in ihrem erlernten Beruf und zum anderen könne sich der Vorstand „nicht von der Rechtmäßigkeit der Verfügung überzeugen". Die Behörde hatte ja die Satzung des Vereins genehmigt, in der festgelegt worden war, dass die Sachwalterin des Vereins nicht in einem Wäschereibetrieb arbeiten muss.[181] Die Reihenfolge der Argumente zeigt jedoch, dass die Vereinsvorsitzende keineswegs sicher sein konnte, mit Berufung auf die als rechtmäßig anerkannten Statuten ihren Standpunkt durchsetzen zu können. Helma Steinbach nahm die Stelle als Plätterin nur an, damit sie im Verein bleiben konnte.

Ihre Arbeitgeberin Louise Richter bestätigte, dass Helma Steinbach, „die ihr sonst unbekannt sei", seit Anfang des Monats bei ihr beschäftigt sei.[182] Dass es sich dabei um ein Täuschungsmanöver handelte, erkannte auch die Politische Polizei, konnte aber nichts dagegen tun. Die Polizeibehörde musste Helma Steinbach „bis auf weiteres" den Zutritt zum Verein gestatten. Im August stellte die Behörde resigniert fest, dass ein Ausschluss Steinbachs nicht durchzusetzen sei. Da Frau Richter auch Vorsitzende des Vereins sei, beschäftigte sie Steinbach, „damit dieselbe Mitglied des Vereins bleiben kann".[183]

Inzwischen war die Polizei anderweitig fündig geworden. Am 14. Juni hatten Polizeibeamte in der Wohnung Steinbachs und im Vereinslokal der Plätterinnen eine „Durchsuchung nach sozialistischen Schriften" vorgenommen.[184] Belastendes Material wurde nicht gefunden, stattdessen aber ein Brief Steinbachs an den Maurer Hinsch:[185]

„Wir haben in Erfahrung gebracht, daß ihre Frau den Bleichern durch Plätten Streikbrecherdienste leistet! Wir fordern Sie als einen aufgeklärten Arbeiter, der dem Maurerfach angehört, auf, daß Sie Ihrer Frau sofort verbieten, den streikenden Plätterinnen den Sieg streitig zu machen.

180 S 2009, 3.4.1890.

181 Ebd., undatierter Brief von Frau Tews, eingegangen bei der Polizeibehörde am 12.4.1890.

182 Ebd., Aussage von Frau Richter am 23.4.1890. In den folgenden Monaten musste Richter mehrmals bestätigten, dass Steinbach bei ihr eine Anstellung habe. Vgl. Berichte vom 12.6. und 20.5.1890.

183 Ebd., 21.8.1890.

184 Ebd., Bericht von Commissar Engel, 14.6.1890. Der Besitz solcher Schriften war unter dem Sozialistengesetz strafbar.

185 S 2009, Foto des undatierten Briefes an Herrn Hinsch.

(Widrigenfalls wir uns an den Fachverein wenden müssen.) Auch ist beschlossen, dass wenn die Frauen von selbst organisierten Arbeitern nicht das Streikbrechen einstellen, von nächster Woche an die Namen derjenigen durch das Echo zu veröffentlichen - was Ihnen doch gewiß sehr peinlich sein würde."

Helma Steinbach musste zugeben, ein entsprechendes Schreiben in Folge eines Vereinsbeschlusses abgeschickt zu haben. Allerdings wisse sie nicht mehr, an wen.[186]

Der Brief ist ein prägnantes Beispiel dafür, wie hart Steinbach mit Menschen ins Gericht ging, denen sie mangelnde Solidarität unterstellte. Wenn sie ihre Ziele gefährdet sah, scheute sie auch vor Drohungen nicht zurück. Die Warnung, die Namen im „Hamburger Echo" zu veröffentlichen, zeigt, dass sie das Verhalten von Genossen genau kontrollierte und sich das Recht nahm, unliebsames Verhalten publik zu machen.[187]

Die Forderung, dass der Ehemann seiner Frau diese Erwerbstätigkeit „verbieten" müsse, zeigt auch, dass Steinbach sich nicht scheute, zur Erreichung politischer Ziele auch geschlechtsspezifische Vorurteile, die sich gegen Frauen richteten, zu nutzen. Ihr Interesse an der Gewerkschaftsbewegung stellte sie also über das Gleichberechtigungsprinzip.

Aufgrund des Briefes wurde Steinbach wegen Verstoß gegen Paragraph 153 der Gewerbeordnung angeklagt. Das Altonaer Schöffengericht verurteilte Helma Steinbach zu zwei Wochen Gefängnis.[188]

Eine Geldbuße von 20 Mark oder zwei Tage Haft war die Strafe für das Verteilen von Sammellisten ohne Genehmigung während des Plätterinnenstreiks.[189]

Helma Steinbach geriet als Sachwalterin des Plätterinnen-Vereins noch ein weiteres Mal in Konflikt mit dem Gesetz, weil für eine Versammlung am 16. Februar 1892 im „Victoria Garten" bei der Polizeibehörde keine Anmeldung eingegangen war. Auf der Tagesordnung stand: „1. Welche Zustände herrschen in den Plättstuben und wer kann die traurige Lage der Plätterinnen verbessern. 2. Herrn Richters tragikomische Zerrbilder. 3. Diskussion." Obwohl in der Veranstaltung keine aktuellen politischen Fragen behandelt wurden und der Plätterinnen-Verein zu dieser Zeit kaum noch Mitglieder hatte, wurde Helma Steinbach wegen Nichtanmel-

---

186 Ebd., 14.6.1890.

187 Typisch für diese Einstellung war auch ihr Verhalten während des Boykotts der Schuhfirma Tack. Sie drohte mit Sanktionen, „wenn sie einmal einen bekannten Genossen dabei", nämlich beim Schuhkauf bei Tack, ertappe. Vgl. V 350, Bd. 2, 22.2.1894.

188 Reform Nr. 183, 3.8.1890. Der § 153 der Gewerbeordnung ahndete den Versuch, einen anderen durch Drohung etc. dazu zu zwingen, einer Vereinigung beizutreten, deren Zweck die Erlangung besserer Lohnverhältnisse ist. Die Angabe auf dem Personalbogen (S 2009, 24.2.1892), nachdem Steinbach „angeblich nicht bestraft ist", beruht also auf mangelnder Information des Beamten. Steinbach wurde auch mehrere Jahre mit einem falschen Geburtsort in den Akten geführt.

189 General-Anzeiger Nr. 199, 26.8.1890.

dung der Versammlung zu 10 Mark Strafe bzw. zwei Tagen Haft verurteilt. Sie musste außerdem die Kosten des Verfahrens tragen.[190]

Die Hamburger Polizei gab sich also alle Mühe, Steinbach bei ihrem Kampf eine Plätterinnen-Gewerkschaft aufzubauen, zu behindern. Die ständige Überwachung durch die Polizei, im Fall des Plätterinnen-Vereins meistens durch den Polizisten Hülfenhaus, stellte zwischen Steinbach und dem Beamten aber auch einen fast vertraulichen Umgangston her. So leitete Steinbach die polizeilich verlangte Aufstellung über Mitgliederzahl und die Höhe der eingenommenen Beiträge mit ein paar Zeilen an Hülfenhaus ein, die Verständnis für ihre Lage voraussetzten: „Sie wissen doch selber wie schwer, ja eigentlich unmöglich es ist, eine genaue Angabe über die Zahl der Mitglieder zu machen." Sie schloss ihren Brief mit den Worten: „Entschuldigen Sie die Schweinerei, ich bin so todtmüde, daß mir fortwährend die Augen zu fallen."[191]

4.1.5. Der Streik der Plätterinnen

Auf Grund der festen Überzeugung, dass Forderungen gegenüber den Bleichern nach Verkürzung der Arbeitszeit und höheren Löhnen nur mit einer stabilen Organisation zu erreichen waren, sprach Steinbach sich gegen einen Streik aus. Vor einem Arbeitskampf wollte sie erst die „Kriegskasse" gefüllt wissen, damit die Plätterinnen auch einen längeren Ausstand durchhalten konnten. Als sich im April und Mai 1890 immer mehr Plätterinnen für einen Streik aussprachen, lehnte sie jede Verantwortung ab, „denn Streiken ohne Mittel geht nicht".[192] In sämtlichen Versammlungen vom Februar bis Mai wiederholte sie die Forderungen und erklärte den Frauen beharrlich, dass erst alle Plätterinnen organisiert sein müssten. Aber die jungen, politisch unerfahrenen Plätterinnen glaubten, mit einem Streik ihre Forderungen schnell und problemlos durchsetzen zu können. Die Plätterin Auguste Hörig befürwortete den Streik sogar als Mittel gegen den Mitgliederschwund. Auf dieser Versammlung waren nur noch 40 Frauen anwesend, während es im Februar und April, als die Idee eines Plätterinnen-Vereins noch Neuigkeitswert hatte, noch ca. 150 gewesen waren.[193]

---

190 S 2009, *Abschrift des Protokolls der öffentlichen Sitzung des Schöffengerichts vom 12.4.1892.*

191 V 228 *Brief vom 17.5.1891. Mit „Schweinerei" meinte Steinbach die kaum lesbare Abrechnung.*

192 V 228, *30.4.und 14.5.1890.*

193 *Ebd. 14.5.1890.*

Helma Steinbach konnte sich mit ihrem Standpunkt nicht durchsetzen. Die Plätterinnen wollten schnelle Erfolge sehen. Immer mehr in die Defensive gedrängt, ließ sie sich sogar zu persönlichen und unsachlichen Angriffen hinreißen: „Sie haben eben lange Haare und kurzen Verstand",[194] warf sie den anwesenden Plätterinnen vor. Aber weder Polemik noch eindringliche Warnungen Steinbachs konnten den übereilten Streik verhindern.

Noch am 19. Mai lehnte eine Versammlung auf Druck Steinbachs einen Gesamtstreik ab. Zunächst sollten die Mitglieder des Vereins den Arbeitgebern ihre Forderungen vorlegen und deren Reaktion abwarten.[195] Aber schon am folgenden Tag traten 75 Plätterinnen in Wandsbek und Langenfelde in den Ausstand, nachdem die Arbeitgeber den Forderungskatalog abgelehnt hatten. Es geschah, wie Steinbach es befürchtet hatte. Die Winterhuder Kolleginnen legten ihren Arbeitgebern weder die gemeinsame Erklärung vor, noch schlossen sie sich dem Streik an.[196]

Deshalb nahmen auch die Wäschereibesitzer, die schon einige Zugeständnisse gemacht hatten, diese wieder zurück. Am 27. Mai wollten sich 45 Mitglieder der Winterhuder Zahlstelle nur noch darauf einigen, die Arbeit niederzulegen, wenn der Arbeitgeber den Austritt aus dem Verein fordere.[197] Weil in den ersten Tagen des Streiks kein Durchbruch erzielt worden war, zogen sich viele Plätterinnen aus der Bewegung zurück. Helma Steinbach setzte in den folgenden Wochen dennoch alle Kraft daran, die streikenden Plätterinnen zu unterstützen und die nicht streikenden Kolleginnen zu solidarischem Handeln anzuhalten. Obwohl sie selbst nicht an einen Erfolg glaubte, appellierte Steinbach an die Plätterinnen, endlich den Arbeitgebern ihre Forderungen zu überreichen. In der Mittagszeit saß sie fast täglich in Scheels Lokal in Winterhude, um von den Plätterinnen Berichte darüber entgegenzunehmen, wie die Forderungen von den Arbeitgebern aufgenommen wurden. Aber nach Angaben der Polizei kamen sie nicht.[198] Da die Gefahr einer Streikniederlage immer offensichtlicher wurde, versuchte Steinbach nun doch die Winterhuder Plätterinnen als größte Gruppe zum Streiken zu überreden. Aber die Frauen streikten nicht, und sie besuchten auch keine Versammlungen mehr. Steinbach gab aber noch nicht auf: „Ich muß mich immer in Winterhude aufhalten, ...damit die Sache nicht in Vergessenheit gerät..."[199]

---

194 V 227, 16.5.1890.

195 Ebd., 22.5.1890.

196 Bürger, S. 523.

197 V 227, 23.5.1890 u. V 228, 29.05.1890. Sie forderte die Anwesenden nicht direkt auf, ebenfalls zu streiken, sondern appellierte an die Frauen, stattdessen in den Plättstuben und den Tanzsalons für den Verein zu werben.

198 V 228, 30.5.1890.

199 Ebd., 12.6.1890.

Die Polizei im damals noch preußischen Wandsbek hatte ihr unterdessen „wegen ihrer Hetzerei" verboten, in dortigen Versammlungen aufzutreten.[200] Je mehr sie sich engagierte, desto aussichtsloser wurde der Kampf, obwohl es ihr gelang, für die Unterstützungskasse 1.210 Mark aus der gemeinschaftlichen Streikkasse der Hamburger Gewerkschaften zu erhalten.[201] Im Juni und Juli nahm die Zahl der Versammlungsteilnehmerinnen drastisch ab. Am 30. Juni erschienen nur noch acht Frauen in der Mitgliederversammlung. Die Appelle Steinbachs an die Einigkeit und Mithilfe der Winterhuder Kolleginnen wurden in diesen Wochen immer eindringlicher und verzweifelter, blieben aber wirkungslos. Schließlich beschlossen am 15. Juli 30 Plätterinnen auf Vorschlag Steinbachs, den Streik nach neunwöchiger Dauer zu beenden. Steinbach forderte aus diesem Anlass die Gewerkschafter auf, die Frauen zu belehren. Die Plätterinnen sollten unter ihren Kolleginnen Werkstattagitation betreiben, damit sie im nächsten Frühjahr ihre Ziele erreichen könnten.[202] Steinbach gab die Hoffnung nicht auf, die Plätterinnen doch noch zu organisieren.

4.1.6. Ursachen und Konsequenzen des gescheiterten Arbeitskampfes

Eine Ursache der Streikniederlage war die mangelnde Beteiligung der Winterhuder Plätterinnen. Die Gruppe der streikenden Barmbeker und Langenfelder Arbeiterinnen war zu klein, um die Arbeitgeber unter Druck zu setzen. Die Bleicher konnten aus anderen Stadtteilen leicht Ersatz bekommen, zumal verheiratete Frauen die Gelegenheit nutzten, kurzfristig ihr Einkommen aufzubessern.[203] Der eigentliche Grund für die Streikniederlage und letztendlich auch das Versagen des Vereins war die Unaufgeklärtheit der Arbeiterinnen, von Steinbach als „Dummheit und Indifferentismus" bezeichnet. Es fehlten die Geduld und die Einsicht, die nötig gewesen wären, um den besten Zeitpunkt für einen Streik abzuwarten und ausreichende Vorkehrungen für die Beteiligung aller Plätterinnen zu treffen. Im Gegensatz zu vielen anderen Lohnkämpfen der neunziger Jahre ist die Bewegung der Plätterinnen an Geldmangel nicht gescheitert. Steinbach sagte, die Unterstützungskasse sei gefüllt.[204] Damit stellte der

200 *Ebd., 1.7.1890.*

201 *Bürger, S. 494.*

202 *V 228, Versammlungsberichte Juni/Juli 1890. Beschluss über Beendigung des Streiks, V 227, 16.7.1890. Bei dem Streik wurden etwa 50 Plätterinnen ausgesperrt und in einzelnen Fällen auch misshandelt. Vgl. Bürger, S. 525.*

203 *Vgl. Kapitel 4.1.4. Brief an Hinsch.*

204 *V 228, 30.5.1890.*

Plätterinnenverein eine Ausnahme dar, denn im Vergleich zu den Fachvereinen der Männer litten alle Arbeiterinnenvereine unter einer „miserablen Finanzlage".[205]

Auf dem Papier existierte der Zentralverein der Plätterinnen - Zahlstelle Winterhude zwar noch bis 1895,[206] aber spätestens seit November 1890 bestand der Verein praktisch nur noch aus Helma Steinbach und einer Handvoll anderer Frauen. Die monatlich einberufenen Mitgliederversammlungen fanden meist mangels Teilnehmerinnen gar nicht mehr statt. Oft war Steinbach die einzige, die erschien. Das Scheitern des Vereins spiegelt aber auch die desolate Situation aller Hamburger Gewerkschaften wider. Die Konjunkturkrise und die Niederlage der Gewerkschaften in den Maikämpfen von 1890 reduzierten die Mitgliederzahlen in allen gewerkschaftlichen Organisationen drastisch.[207]

Nur einige von Steinbach organisierte öffentliche Versammlungen im Frühjahr 1893 zogen ein größeres Publikum an. Allerdings erschienen zu diesen Versammlungen nicht viele Plätterinnen, stattdessen kamen viele Arbeiter. Im Dezember desselben Jahres veranstaltete sie im Namen des Vereins zwei öffentliche Versammlungen mit Adolph von Elm. Wiederum bestand der größte Teil des Publikums aus Männern und nicht aus Plätterinnen.[208] Es gelang Helma Steinbach nicht, eine „feste Organisation" aufzubauen. Für diese Entwicklung trug sie nicht allein die Verantwortung. Aber ihre Alleinherrschaft im Verein förderte Mitbestimmung und Engagement der jungen Frauen nicht. Steinbach diktierte alle Angelegenheiten des Vereins, von der Tagesordnung der Versammlungen bis zu Veranstaltungszeit und -raum. Sie schrieb sogar die Anmeldungen für die Polizeibehörde selbst und ließ sie dann nur von der jeweiligen 1. Vorsitzenden unterschreiben. Auch die meisten Tagesordnungspunkte wurden von ihr bestritten. In den Diskussionen meldete sich kaum eine andere Plätterin zu Wort.[209]

Bei dem Versuch, die Plätterinnen zu organisieren, stand Steinbach vor mehreren grundsätzlichen Problemen. Die Plätterinnen konnten auf keinerlei gewerkschaftliche Tradition zurückgreifen; ein Problem, das im Übrigen auf alle Bereiche weiblicher Erwerbstätigkeit zutraf. Steinbach

---

205 Die üblicherweise geringen finanziellen Mittel erklären, „warum von einem Einfluß der Frauenvereine auf die Partei nicht die Rede sein kann". Kutz-Bauer: Arbeiterschaft, S. 240. Die Dreimännerkommission, die 1.210 Mark für die Streikkasse der Plätterinnen gab, verwaltete insgesamt 163.000 Mark. Bürger, S. 494.

206 V 228 „Notizen". Die Auflösung ist auf den 18.2.1895 datiert.

207 Vgl. Kapitel 3.3..

208 V 228 „Notizen": Zur Zahl der Versammlungsteilnehmerinnen, vgl. „Bericht über die Thätigkeit des Hamburger Gewerkschaftskartells für die Zeit seines Bestehens von 1891-1894", Hamburg 1895. Im Anhang (Statistik) wird die Mitgliederbewegung wie folgt beschrieben: 1891: 25 Mitglieder, 1892: 20, 1893:22, 1894: 22. Diese Zahlen verdeutlichen, dass nur eine sehr kleine Anzahl von Frauen regelmäßig Mitgliedsbeiträge bezahlte.

209 V 228 und V 227. Anmeldeschreiben und Versammlungsberichte.

musste bei Null anfangen. Die hohe Fluktuation unter den Mitgliedern erschwerte kontinuierliche Arbeit besonders. Unter diesen Voraussetzungen waren die Aussichten von Anfang an nicht besonders gut. Der verlorene Streik verschlechterte sie noch. Steinbach stand mit ihren Bemühungen um die Arbeiterinnen praktisch allein da, denn es gab nur sehr wenige Frauen in der Hamburger Arbeiterbewegung, die ebenso erfahren in der gewerkschaftlichen Organisation waren und über die gleiche Tatkraft und das nötige Selbstbewusstsein verfügten. Die in den Wäschereibetrieben beschäftigten Arbeiter unterstützten sie ebenso wenig wie die Gewerkschafter anderer Branchen.

Die Erfolglosigkeit der Organisation hat auch eine geschlechtsspezifische Komponente. Nähen und Bügeln galten als weibliche Beschäftigungen, deren sozialer Status ideell, nicht aber materiell über dem der Fabrikarbeiterinnen lag. Von den Plätterinnen und Näherinnen wurde erwartet, dass sie geringe Löhne, schlechte Arbeitszeiten und -bedingungen akzeptierten, weil dies Frauenarbeit war, die mit den Pflichten gegenüber der Familie vereinbar schien. Da die Plätterinnen traditionelle Hausarbeiten verrichteten, wurde ihre Erwerbstätigkeit nicht als „echte" Arbeit gewertet. Nur wenige Arbeiter akzeptierten die Frauen als Lohnarbeiterinnen, die den gleichen Ausbeutungsmechanismen unterlagen wie sie selbst.[210]

4.2. Der Kampf um Gleichberechtigung in den Gewerkschaften

4.2.1. Die „Resolution Steinbach" auf dem Gewerkschaftskongress in Halberstadt 1892

Mit der „Resolution Steinbach" wurde das Prinzip der gemeinsamen Organisation von Männern und Frauen für alle freien Gewerkschaften verbindlich festgeschrieben.[211] Die Nur-Frauengewerkschaft hatte als Organisationsform damit so gut wie ausgedient. Nur in Branchen, in denen Frauen den größten Teil der Beschäftigten bildeten, wurde sie für eine

---

210 *Dasey, S. 234. Die vorgeblich besondere Eignung von Arbeiterinnen für bestimmte Arten der Berufstätigkeit spielte auch in der Argumentation führender Gewerkschafterinnen wie Gertrud Hanna eine wichtige Rolle und zementierte fragwürdige Behauptungen über frauenspezifische Erwerbstätigkeit. Vgl. Losseff-Tillmanns, S. 56, Anm. 30. Ein zweiter Versuch von Louise Zietz, Plätterinnen gewerkschaftlich zu organisieren, scheiterte einige Jahre später an der gleichen Problematik. Vgl. HE 14.7.1901 und V 775. Vermutlich löste sich dieser Verein 1905 auf, weil die wenigen Versammlungen nur schlecht besucht waren.*

211 *Protokoll der Verhandlungen des ersten Kongresses der Gewerkschaften Deutschlands. Abgehalten zu Halberstadt vom 14. bis 18. März 1892, Hamburg o.J., S. 64. (Im Folgenden zitiert als Protokoll Gewerkschaftskongress.)*

Übergangszeit weiter geduldet.[212] Die von Steinbach eingebrachte Entschließung dokumentiert, wie sich ihre Einstellung zur gewerkschaftlichen Frauenorganisation verändert hatte. Obwohl sie als Delegierte einer Frauengewerkschaft auf dem Kongress vertreten war, war sie Wegbereiterin für die gemischte Organisation.

In den achtziger Jahren hatte sich Helma Steinbach in Frauenvereinen für die Interessen der Arbeiterinnen eingesetzt. 1890 gründete sie den Zentralverein der Plätterinnen als reine Frauenorganisation, weil sie glaubte, ohne die Bleicherknechte mehr erreichen zu können. Ihr Vertrauen in den Beistand der männlichen Genossen war denkbar gering. So beklagte sie sich in einem Artikel für das „Hamburger Echo" bitter:[213]

2. Bekleidungs= und Lederindustrie.

	Mit= glieder= zahl	Dele= girte	Namen und Ort
1. Verband der Lohgerber .	1100	1	1. C. Berger=Altona
2. „ „ Weißgerber	1700	2	1. M. Fuchs=Altenburg S.=A.
			2. W. Lober=München
3. Verband d. Glacehandschuhm.	2300	2	1. C. Knoesel=Arnstadt
			2. G. Schneider=Branden=
4 Unterstützungsverein d. Hut=			burg a. H.
macher	3000	3	1. H. Borgmann=Berlin
			2. H. Barth=Altenburg S.=A.
			3. A. Metzschke=Altenb. S.=A.
5. Verband der Kürschner .	1000	1	1. A. Bilowitzky=Hamburg
6. Zentralverein d. Plätterinnen	100	1	1. Frau H. Steinbach=Hamb.
7. Verband der Sattler . .	1450	1	1. J. Saffenbach=Berlin
8. „ „ Schneider . .	8000	8	1. H. Kock=Lübeck
			2. G. Sabath=Hamburg

Steinbach auf der Präsenzliste des Halberstädter Kongresses

„... wenn die Männer erst dann anfangen wollen, die Arbeiterinnenfrage in den Kreis ihrer Betrachtung zu ziehen und die Frauen bis dahin alleine experimentieren lassen, ohne schon heute jeder in seiner nächsten Umgebung, Hand an's Werk zu legen - ja dann hat die Kapitalmacht noch lange keinen Mangel an Ausbeutungsmaterial!"

Helma Steinbach verlangte die Unterstützung der Gewerkschafter, machte aber gleichzeitig deutlich, dass sie die Eigenständigkeit der Organisation nicht aufgeben wollte. Mit „sittlichem Ernst und ganzer Energie" sollten die Männer sich der Frauen-Organisation widmen, damit die bisher

---

212 *Es gab 1892 drei Frauengewerkschaften in Deutschland.* Vgl. Lion, S. 58.

213 HE Nr. 44, 21.2.1891. Auch während des SPD-Parteitages 1890 in Halle hatte sie sich für Frauen-Fachvereine ausgesprochen. Vgl. PTP 1890, S. 233.

Protokoll

der

Verhandlungen des ersten Kongresses

der

Gewerkschaften Deutschlands.

Abgehalten zu Halberstadt vom 14. bis 18. März 1892.

Hamburg.
Verlag von C. Legien
1892.

Protokoll des Halberstädter Kongresses

von den Frauen selbst geleistete Arbeit auch Früchte tragen würde. Der Verweis auf die eigenständige Leistung der Gewerkschafterinnen in diesem Artikel war einerseits Ausdruck ihres Selbstbewusstseins und zugleich Abwehr möglicher Dominanzansprüche männlicher Gewerkschafter. Mit Stolz erwähnte sie in demselben Artikel, dass es sich bei der Plätterinnenorganisation um „den ersten tatsächlich existierenden weiblichen Fachverein" handelte.

Carl Legien

Steinbach wusste, dass die Plätterinnen kein Interesse daran haben konnten, sich einem gemeinsamen Verband anzuschließen, solange sie damit rechnen mussten, in dieser Gewerkschaft nicht als wirklich gleichberechtigt anerkannt zu werden. Um der Gefahr vorzubeugen, dass die „große Kurzsichtigkeit" [214] der Männer das Erreichte wieder zunichtemachen würde, und weil sie der Ansicht war, dass Frauen besser unter Arbeiterinnen aufklären können, befürwortete Helma Steinbach zunächst die reine Frauenorganisationen.

214 HE Nr. 44, 21.2.1891.

Für viele männliche Genossen stellte sich die Frage nach der Form der gewerkschaftlichen Organisation von Frauen überhaupt nicht. Der Redakteur des „Hamburger Echos", Emil Fischer, behauptete, Frauen könnten nicht wie die Männer organisiert werden, weil die Frauen heirateten und sich der Kindererziehung widmen müssten.[215] Im Gegensatz dazu hatte Steinbach begriffen, dass Frauenerwerbstätigkeit ein fester Bestandteil des kapitalistischen Wirtschaftssystems geworden war und Arbeiterinnen sich deshalb ebenso wie die Männer organisieren mussten. Außerdem wusste sie, dass die materielle Absicherung einer Proletarierin durch die Ehe oft genug eine Illusion war, weil der Lohn eines Arbeiters nicht zum Unterhalt der Familie ausreichte.

Steinbachs Erfahrungen mit der Organisation von Arbeiterinnen führten dazu, dass sie ihre Meinung zum Thema Frauengewerkschaften änderte. Der Verfall des Plätterinnenvereins war 1891 unübersehbar geworden. Gleichzeitig hatten die Hamburger Sozialdemokratinnen die Debatte über die bessere Organisationsform für Arbeiterinnen fortgesetzt. Ihnen, besonders aber den gewerkschaftlich orientierten Frauen wie Helma Steinbach, ging es auch um eine Abgrenzung von der bürgerlichen Frauenbewegung. Deshalb wandte sich Helma Steinbach gegen die Gründung eines allgemeinen Arbeiterinnenvereins,[216] in dem sich die Mitglieder auf Grund ihres Geschlechts und nicht ihres Berufes zusammentaten. Diese Organisationsform stand im Verdacht, frauenrechtlerische Tendenzen zu fördern und „die Frau statt der Proletarierin zu Wort" kommen zu lassen.[217]

Steinbach betonte dagegen immer wieder das gemeinsame Interesse von Arbeitern und Arbeiterinnen an einer starken Organisation. Das ausschlaggebende Argument für die gemischte Organisation war für Helma Steinbach der Mitgliedermangel in der Arbeiterinnenbewegung, den sie bei der Organisation der Plätterinnen am eigenen Leib erfahren hatte.

Schließlich ist auch anzunehmen, dass Carl Legien als „entscheidender Förderer der gewerkschaftlichen Frauenorganisation" seinen Einfluss geltend gemacht hat. Helma Steinbach und Wilhelmine Kähler waren die beiden wichtigsten Vertreterinnen der „Legienschen Linie" in der Hamburger Frauenbewegung. Zu den Befürworterinnen von reinen Frauenorganisationen gehörten unter anderem Louise Blohm, Margarete Ebel und Elisabeth Mandix.[218]

---

215 V 334a, Bd. 1, 25.2.1891.

216 HE Nr. 234, 6.10.1891.

217 Lion, S. 57f.

218 *Losseff-Tillmanns, S. 103ff. Obwohl Legien die Frauenorganisation förderte, glaubte er, dass Frauen „weniger Hirn" hätten, schwächer seien und deshalb in erster Linie Hausarbeit und Kindererziehung übernehmen sollten. Vgl. Dasey, S. 416ff. Eine Kurzbiographie W. Kählers findet sich bei Niggemann, S. 315.*

Obwohl ihr Vertrauen auf die Unterstützung durch die organisierten Arbeiter nach dem Niedergang ihrer Gewerkschaft nicht gestiegen war, schlug Helma Steinbach im September 1891 auf der Konferenz der Zentralverbände der deutschen Gewerkschaftsverbände vor, die gemeinsame Organisation verbindlich zu machen. Auf dem ein halbes Jahr später stattfindenden ersten Kongress der Gewerkschaften Deutschlands war sie wie schon 1891 als Delegierte des Plätterinnenvereins anwesend. Laut Protokoll repräsentierte sie 100 Plätterinnen. Von den 208 Delegierten waren nur vier Frauen.[219] Vor dem Hintergrund, dass die Gewerkschaftsverbände bisher kaum Interesse an der Frauenorganisation gezeigt hatten und Frauenarbeit nur gebilligt, aber nicht als Emanzipationsmoment verstanden wurde, ist es erstaunlich, dass die „Resolution Steinbach" von den Delegierten des Gewerkschaftskongresses mit nur einer Gegenstimme angenommen wurde.[220]

Im Gegensatz zu allen anderen Resolutionen zur Frauenfrage, die auf den folgenden Gewerkschaftskongressen verabschiedet wurden, war die „Resolution Steinbach" nicht nur eine Absichtserklärung, sondern eine Verpflichtung der Verbände, sich tatsächlich um die Frauen-Organisation zu bemühen.[221]

„In Erwägung, daß bei der großen, täglich wachsenden Bedeutung der Frauenarbeit auf allen Arbeitsgebieten sich die energische Inangriffnahme der Organisierung derselben als ein Gebot der Selbsterhaltung erweist, beschließt die Konferenz, die Ortvorstände der bestehenden Organisationen aufzufordern, dahin zu wirken, daß die Statuten derselben derart umgestaltet werden, daß auch den in dem Berufe beschäftigten Frauen der Beitritt zu denselben möglich ist. Die Agitation für die Ausbreitung der Organisation hat sich bei allen Berufen, in welchen Frauen thätig sind, auch auf deren Heranziehung zu erstrecken, da nach § 152 der Gewerbeordnung hierin keinerlei Hindernisse bestehen." Dahinter stand die Überzeugung Steinbachs, dass die Organisation der Frauen in der gewerkschaftlichen Arbeiterbewegung eine Notwendigkeit war, weil erwerbstätige Frauen sonst als „Lohndrücker ihrer eigenen Männer"[222] wirkten und somit gegen die Interessen der Arbeiterschaft handelten.

Allerdings löste die Resolution nicht das Problem, dass viele Gewerkschafter eher eine Abschaffung der Frauenarbeit wünschten, als die Arbei-

219 *Protokolle der Verhandlungen der Kongresse der Gewerkschaften Deutschlands. Band 7, Anhang S. 64. Die Resolution war außerdem von den Frauen Kähler und Wolter mitunterzeichnet.*

220 *Losseff-Tillmanns, S. 108f.*

221 *Protokoll Gewerkschaftskongress 1892, S. 73. Losseff-Tillmanns, S. 107.*

222 *V 334a Band 1, 17.1.1891. Das Vorurteil über die lohndrückende Wirkung von Frauenarbeit wurde verbreitet ohne die eigentlichen Ursachen für billige Frauenlöhne zu benennen: dass weibliche Erwerbstätigkeit von kurzer Dauer war, Frauenarbeit hauptsächlich ungelernte Arbeit war, sowie die historische und gesellschaftliche Minderbewertung von häuslicher und außerhäuslicher Frauenarbeit. Vgl. Losseff Tillmanns, S. 58ff.*

terinnen „in die Kampforganisation der zielbewussten Männer",[223] einzu-
reihen und womöglich für gleiche Löhne zu kämpfen. Helma Steinbach
richtete an die Männer sogar den Vorwurf, ihre Frauen von der politischen
Arbeit abzuhalten, „sobald man sie zum Denken anhalten wolle".[224]

Ein weitverbreitetes Argument männlicher Gewerkschafter gegen die gemischte Organisation war die Sorge vor einem Verbot des jeweiligen Vereins, wenn Frauen eintraten, da das Preußische Vereinsgesetz in Paragraph
8 die Beteiligung von Frauen an politischen Versammlungen verbot.[225]
Dieses Argument wollte Steinbach mit der Ergänzung ihrer ursprüngli-
chen Resolution um einen Halbsatz außer Kraft setzen, der lautete: „da
nach § 152 der Gewerbeordnung hierin keinerlei Hindernisse bestehen".[226]
Allerdings wurde in der gängigen Rechtspraxis so entschieden, dass sich
„Fachvereine in politische Vereine umwandelten, wenn auch nur ein einziger Vortrag politischen oder sozialpolitischen Charakters in einer Vereins-
versammlung gehalten oder eine Petition - etwa um Verbesserung des Ar-
beiterschutzes - an den Reichstag gerichtet worden war". Damit waren
dann nach dem Vereinsgesetz Frauen, Lehrlinge und Schüler wieder von
der Mitgliedschaft ausgeschlossen.[227] Es dauerte also noch einige Jahre,
bis wirklich alle Berufsverbände ihre Statuten entsprechend geändert hatten. Es ist aber zu vermuten, dass ein mögliches Verbot oft nur ein will-
kommenes Argument war, um die Frauen herauszuhalten.[228]

Das Statut allein garantierte nämlich nicht, dass die Gewerkschaften ihrer
Verpflichtung nachkamen und nun, nachdem wie Steinbach sagte, die
„gröbste Arbeit" für die Frauenorganisation getan war, die Gewerkschafterinnen unterstützten. Schon ahnend, dass das einstimmige Votum des
Kongresses für die gemeinsame Organisation kein realistisches Spiegel-
bild des tatsächlichen Interesses der Gewerkschafter an der Frauenorganisation darstellte, schränkte Steinbach ihre Zustimmung ein: „Vorläufig
müssten also die Frauen mit den Männern gemeinschaftlich organisieren,
jedoch würden die Frauen sich nicht majorisieren lassen."[229]

4.2.2. „Arbeiterinnenbewegung" - nicht Frauenfrage

Mit Halberstadt war zumindest eine formale Hürde auf dem Weg der
gewerkschaftlichen Arbeiterinnenorganisation genommen. Helma Stein-

---

223 HE Nr. 41, 17.2.1893.
224 HE Nr. 234, 6.10.1891.
225 S 3470 Bd.2, darin: Gesetzes-Sammlung für die königlichen Preußischen Staaten, Nr. 20.
226 Protokoll Gewerkschaftskongress 1892, S. 73.
227 Saul: Methoden antisozialistischer Repression und Agitation, in: Archiv für Sozialgeschichte 1972, S. 303.
228 Losseff-Tillmanns, S. 104.
229 Protokoll Gewerkschaftskongress 1892, S. 73

bach konnte sich, wo immer in gewerkschaftlichen Verbänden Widerstände gegen die Frauenagitation auftraten, auf die Halberstädter Beschlüsse berufen. Ihre Forderungen konnten jedenfalls theoretisch von den Gewerkschaftern nicht mehr bestritten werden.

Der Beschluss über die gemeinsame Organisation wurde von Steinbach im Gegenzug als ein Alleinvertretungsanspruch der Gewerkschaften für die Interessen der Arbeiterinnen interpretiert. Sie glaubte, „die Frauenfrage könne nur auf gewerkschaftlichem Wege"[230] gelöst werden. Daher spielte sie die Bedeutung der „Frauenfrage" außerhalb des gewerkschaftlichen Kontexts herunter. In einem offenen Brief an den Reichstagsabgeordneten Metzger stellte sie einen „prinzipiellen Unterschied zwischen ‚Frauenfrage' und der für mich allein zu beachtenden ‚Arbeiterinnenbewegung'" fest.[231]

Diese Unterscheidung richtete sich an zwei Adressaten. Zum einen trat sie dem verbreiteten Vorurteil entgegen, dass jede Forderung nach Frauenagitation gleich „Frauenrechtlerei" sei, zum anderen distanzierte Helma Steinbach sich deutlich von den um „die Oberherrschaft streitenden Elementen" in der sozialdemokratischen Frauenbewegung Hamburgs,[232] denen sie die Fähigkeit absprach, die Interessen der Arbeiterinnen zu vertreten. Ihre forsche Kritik an den Hamburger Sozialdemokratinnen war begründet. Deren Agitationsmittel und -themen richteten sich in erster Linie an die Ehefrauen von Sozialdemokraten, aber die meisten Arbeiterinnen waren jung und unverheiratet.[233] Die Agitation verfehlte also häufig ihre Zielgruppe.

Steinbachs demonstrative Trennung von „Arbeiterinnenbewegung" und „Frauenfrage" gründete darauf, dass viele Agitatorinnen die Proletarierinnen nicht erreichten und der Arbeiterbewegung zuführten, was in dem niedrigeren Frauenanteil bei den Gewerkschaften im Vergleich zur SPD deutlich wurde. Steinbach nahm hier zu Beginn der neunziger Jahre eine Trennung zwischen gewerkschaftlicher und politischer Frauenbewegung vorweg, die auf nationaler Ebene erst ab 1896 verwirklicht wurde.[234] Dabei galt für sie nur die „Arbeiterinnenbewegung" als „ernsthafte Richtung", wenngleich sie sich auch für die Beteiligung von Frauen in der Partei einsetzte. In beiden Fällen wurden die Frauen ja in die „Kampforganisationen der zielbewussten Männer"[235] hineingezogen. Jede andere Form der Frauenagitation wurde von Steinbach bekämpft.

---

230 S 2009 "Auszüge", 24.2.1891.

231 HE Nr. 236, 8.10.1891.

232 Ebd.

233 Dasey, S. 462

234 Evans: Frauenemanzipation, S. 145. Der Mangel an geschulten Agitatorinnen war ein weiteres großes Problem.

235 HE Nr. 41, 17.2.1893.

Als einige Monate nach dem Halberstädter Gewerkschaftskongress in Hamburg der Zentralverein der Frauen und Mädchen Hamburgs gegründet werden sollte, um die proletarischen Frauenvereine zusammenzufassen, wurde Steinbach zur prominentesten Gegnerin dieser Initiative. Auf der Gründungsversammlung mit 100 Menschen - davon zehn Männer - versuchte sie, die Vereinsgründung zu verhindern. Steinbach behauptete, die gewerblich arbeitenden Frauen und Mädchen blieben dem Verein fern und die „Zänkereien" zwischen den Frauen hörten nicht auf. Sie sagte, schließlich sei ein Verein kein Zeitvertreib, sondern zum Kämpfen da.

Außerdem müsse ein Zentralverband für ganz Deutschland aus rechtlichen Gründen unpolitisch bleiben, könne also nur sehr eingeschränkt tätig sein. Das würde aber im Widerspruch zu den Zielen der gewerkschaftlichen Organisationen stehen, denn „die Vereine, welche man gründet, sind doch nur dazu da, um bei einer Gelegenheit gegenseitig Frond [sic!] gegen die Unternehmer zu machen und eine Forderung zu erzielen". Also forderte sie die anwesenden Fabrikarbeiterinnen auf, sich stattdessen dem gemischten Verband anzuschließen, ein Beitritt zum Zentralverein wäre ein „Unrecht". Die Näherinnen sollten sich am Schneiderverband beteiligen, damit bei einem Ausstand die Frauen nicht die Männer ersetzten. Ihr vehementer Einspruch blieb jedoch ohne Resonanz. Sie war die einzige Versammlungsteilnehmerin, die gegen die Gründung des Zentralvereins stimmte.[236]

In den folgenden Monaten beteiligte Steinbach sich an einer organisierten Kampagne gegen den Zentralverein zugunsten der gemischten Gewerkschaften.[237] So nahm auf ihre Initiative hin eine öffentliche Arbeiterinnenversammlung gegen nur eine Stimme folgende Resolution an: „In Anbetracht, daß die Arbeiterschaft auf den Beschlüssen des Halberstädter Gewerkschaftskongresses steht, erklärt die heutige Versammlung es nicht mit den Interessen der Arbeiterschaft vereinbar, daß die Frauen und Mädchenorganisationen getrennt marschieren." [238] Auf den gewerkschaftlichen Druck hin löste sich der Hamburger Zweig des Vereins nach zwei jährigem Bestehen auf.[239]

Im Widerspruch zur „Arbeiterinnenbewegung" standen nach Meinung von Steinbach auch die Frauenbildungsvereine, in denen Frauen in politischen, wirtschaftlichen und gewerkschaftlichen Fragen informiert werden sollten. Eine besondere Funktion hatten die Bildungsvereine in den Län-

---

236 V 469, 9.6.1892, HE 12.6.1892, HF 9.6.1892.

237 Dasey, S. 425.

238 *Zitiert nach Niggemann, S. 60f.*

239 *Hagemann: „Proletarierinnen auf zur Tat .damit der Tag des Wahlrechts naht!", in: Plagemann, S. 273. Der nationale Verein löste sich 1895 auf.*

dern mit restriktiven Vereinsgesetzen, wie beispielsweise Preußen, das Frauen die politische Betätigung verbot. Die Bildungsvereine sollten keine Konkurrenz, sondern eine Ergänzung zu den gewerkschaftlichen und politischen Organisationen bieten.[240] Aber in Hamburg mit seiner liberalen Vereinsgesetzgebung waren die Bildungsvereine nach Meinung von Steinbach überflüssig.

Dem Bildungsverein „Gleichheit" warf sie vor, er stehe im Widerspruch zu den Halberstädter Beschlüssen, und die Sozialdemokratin Martha Rohrlack spreche in den Versammlungen immer nur von Prostitution. Der Seitenhieb auf Martha Rohrlack war eine für Steinbach typische Retourkutsche auf den Vorwurf, sie agitiere einseitig für die Gewerkschaften. Allerdings verteidigte unter anderem Wilhelmine Kähler den Bildungsverein.[241] Sie hatte auf dem Gewerkschaftskongress die „Resolution Steinbach" mit unterschrieben. Kähler sah keinen Widerspruch zwischen der Forderung nach gemischten Gewerkschaften und Frauenbildungsvereinen.

Steinbach war nicht bereit, die Bildungsvereine zu dulden. In ihren Vorträgen warnte sie ihre Zuhörerinnen davor, sich den Frauenvereinen anzuschließen. In den Organisationen der Männer werde schon für die nötige Aufklärung gesorgt. Der Beitritt in die gewerkschaftliche und politische Organisation sei die „verd... Pflicht und Schuldigkeit" jeder Arbeiterin, „darum weg mit den Frauenvereinen, die keinen Nutzen haben..."[242]

Auf der Frauenkonferenz von 1900 konstatierte Helma Steinbach, dass nach ihrer „langjährigen Erfahrung" die Bildungsvereine überflüssig seien, weil sie an den Interessen der proletarischen Frauen vorbeigingen. Sie meinte, „die Frauenbildungsvereine seien eine zwecklose Spielerei und verwandelten sich fast stets in Klatsch- und Zankvereine".[243] Weil sie befürchtete, dass die Vereine die Frauen von der „Arbeiterinnenbewegung" ablenkten, also vom Anschluss an die Gewerkschaften, forderte sie deren Abschaffung.

4.2.3. Frauenagitation vor dem Hintergrund einer „defensiven gewerkschaftlichen Frauenpolitik"

Während vor dem Ende des Sozialistengesetzes die Frauenerwerbstätigkeit in der Arbeiterschaft zum großen Teil auf Ablehnung stieß, ließ sich

---

240 *Losseff-Tillmanns, S. 86.*

241 *HE Nr. 41, 17.2.1893. Die Antwort Kählers: HE Nr. 43, 19.2.1893.*

242 *Freie Presse (Lübeck), 5.3.1893.*

243 *Protokoll Frauenkonferenz 1900, S. 255. Steinbach war nicht die einzige Teilnehmerin, die sich gegen die Frauenvereine wandte, aber von einer „langjährigen Erfahrung" konnte eigentlich nicht die Rede sein, denn sie hatte sich nach dem Gewerkschaftskongress 1892 immer gegen und nicht in Frauenbildungsvereinen engagiert. Aus eigener Anschauung dürften ihr die „Klatsch- und Zankvereine" also kaum bekannt gewesen sein.*

ab 1889 eine Veränderung dieser Haltung feststellen. In der ersten Hälfte der neunziger Jahre setzte sich unter den Gewerkschaftern eine die Frauenarbeit „billigende" Einstellung durch. Damit wurde anerkannt, dass Frauenarbeit ein wichtiger ökonomischer Faktor geworden war, bedeutete aber nicht, dass Frauenerwerbstätigkeit als Emanzipationsmoment gesehen wurde. Vor diesem Hintergrund gestaltete sich die Arbeit von Gewerkschafterinnen wie Helma Steinbach als „defensive gewerkschaftliche Frauenpolitik". Dieser Begriff bezeichnet den Versuch, gegen den „Widerstand der Mehrheit der männlichen Gewerkschaftsmitglieder" Arbeiterinnen auf breiter Ebene in die freien Gewerkschaften hineinzuziehen.[244] So kämpfte Steinbach an zwei Fronten: auf der einen Seite gegen das Desinteresse der Arbeiterinnen und auf der anderen gegen das Desinteresse der Gewerkschafter an der Arbeiterinnenagitation. Steinbach bezeichnete in öffentlichen Veranstaltungen die Männer als die Schuldigen an den schlechten Ergebnissen der Frauenagitation, weil diese den Gewerkschafterinnen nicht beigestanden hätten. Schließlich hatten sich die Gewerkschafterinnen für die gemischte Organisation entschieden, weil es ihnen auf die Unterstützung der erfahrenen Gewerkschafter ankam. Steinbach beschwerte sich in einer öffentlichen Versammlung der Schneider und Schneiderinnen, dass sie die Frauen und Mädchen gar nicht agitieren könne - es seien ja keine da. Von den 120 Anwesenden waren nur sechs Frauen. Helma Steinbach sagte in aller Deutlichkeit, dass ihrer Meinung nach die männlichen Arbeiter für das Misslingen verantwortlich waren: „Sonst laufen sie den Mädchen hinterher, aber wenn es darum ginge, die Mädchen in die Organisation heranzuziehen, thun sie es nicht."[245]

Gerade im Verein der Schneider und Schneiderinnen waren die Voraussetzungen für die Frauenagitation äußerst günstig, wie Steinbach in den Versammlungen mehrfach betonte.[246] Dennoch war der Anteil weiblicher Mitglieder in dieser Gewerkschaft mit nur 2,3 Prozent gering.[247] Auch nach Jahren regelmäßiger Agitation für den Schneider-Verband hatte sich die Situation nicht grundlegend geändert, so dass es zur Regel wurde, dass Steinbach den Männern die Schuld an der mangelnden Beteiligung der Frauen vorwarf.[248]

Auch die 1895 von der Generalkommission der Gewerkschaften organisierte mehrwöchige Agitationstournee durch Deutschland speziell zur Werbung von Arbeiterinnen veränderte die Einstellung in den einzelnen

---

244 Losseff-Tillmanns, S. 109ff.

245 V 327-86, Bd. 1, 23.11.1892.

246 V 327-86 Bd. 1, 6.1.1893 u. 14.4.1893.

247 Dasey, S. 481. Zum Vergleich: Bei den Tabakarbeitern hatten die Frauen einen Anteil von 9,1 Prozent, bei den Fabrikarbeitern von 24,1 Prozent.

248 V 327-86 Bd. 2, 10.1.1895. S 4475 „Beschlüsse", 9.3.1895.

Gewerkschaften nicht grundlegend. Steinbach war eine von den sieben Frauen, die von der Generalkommission beauftragt wurden, in Versammlungen Frauen für die Gewerkschaften zu werben. Die Siebenergruppe bildete nach Ansicht Strains gemeinsam mit der Agitations-Kommission die „Elite" unter den führenden Sozialdemokratinnen. Obwohl das Ergebnis der mehrwöchigen Tournee insgesamt positiv beurteilt wurde, gab es deutliche Kritik am Verhalten der Parteigenossen und Gewerkschafter, die die Frauen nur unzureichend unterstützt hätten.[249]

Während der Kampagne war Steinbach für Süddeutschland und Elsass-Lothringen eingeteilt worden.[250] Allerdings wurde es ihr durch die Polizeibehörden so gut wie unmöglich gemacht, ihre Aufgabe auch auszuführen. Ein großer Teil der öffentlichen Versammlungen wurde verboten, oft nachdem die dortige Behörde von der Hamburger Polizei über die Zugehörigkeit Steinbachs zur sozialdemokratischen Arbeiterbewegung informiert worden war. So wurde zum Beispiel eine Frauenversammlung in Nürnberg verboten und in Fürth wurde eine Versammlung aufgelöst, als sie über das Thema „Die Gewerkschaften und ihre Widersacher" sprechen sollte.[251]

Auf dem folgenden Gewerkschaftskongress (1896) wurden diese Schwierigkeiten als Vorwand benutzt, um die mangelnde Unterstützung und den Widerstand der männlichen Gewerkschafter zu entschuldigen. Der Metallarbeiter Breder begründete die starke Opposition in Süddeutschland damit, dass die Frauenagitation zu „kostspielig" und außerdem nicht ausreichend gewesen sei. „So hat Frau Steinbach nur eine Versammlung bei ihrer Agitationsreise in Baiern abgehalten."[252] Mit dieser Argumentation wurden die eigentlichen Ursachen für die Schwierigkeiten verdrängt und die Verantwortung auf die wenigen geschulten Gewerkschafterinnen abgeschoben, die sich in den folgenden Jahren immer stärker gegen den Vorwurf der Organisationsunfähigkeit der Frauen wehren mussten.[253]

Auch Steinbach zog sich im Laufe der Jahre immer stärker auf eine defensive Position zurück. Auf Versammlungen in den neunziger Jahren hatte sie immer wieder betont, dass die Frau dem Manne „ebenbürtig" sei und hielt den Genossen durchaus auch mal den Spiegel vor: „Und wie man aufgebracht ist, daß bürgerliche Frauen sich an verschiedenen Studiums beteiligen können, so ist man in Arbeiterkreisen ebenfalls aufgebracht, daß Proletarierfrauen in die Konkurrenz eingreifen, man befürchtet von

---

249 *Strain, S. 83. Vgl. auch Dasey, S. 442. 91 Losseff-Tillmanns, S. 112.*
250 Losseff-Tillmanns, S. 112.
251 HE 3.8.1895 ff.
252 *Protokoll Gewerkschaftskongress 1896, S. 83.*
253 *Losseff-Tillmanns, S. 116.*

Männern, dass ihre Herrschaft über Frauen verloren gehen könne." [254] Sie ließ sich aber nicht in ihrem Optimismus beirren, dass die Männer, obwohl sie „die Weisheit nicht mit Löffeln gefressen haben" schließlich doch einsehen würden, dass sie nie ganz frei vom Kapitalismus würden, wenn sie die Frauen nicht mit organisierten. [255]

Steinbach hatte sich ein für alle Mal der Solidarität mit den männlichen Gewerkschaftern unter dem gemeinsamen Nenner des Klassenkampfes verschrieben, die auch durch regelmäßige Enttäuschung über die tatsächliche Einstellung der Gewerkschafter nicht erschüttert wurde. Die Appelle an die Männer, sich an der Frauenagitation zu beteiligen, begleiten ihre gesamte gewerkschaftliche und politische Karriere. Aber sie übernahm Vorurteile über die Organisationsunfähigkeit der Frauen und wies immer wieder auf den lohndrückenden Effekt der Frauenerwerbstätigkeit hin, ohne das emanzipatorische Moment der Frauenerwerbstätigkeit zu benennen.

Im Gegensatz zu ihren klaren Worten, die sie noch 1892 gegenüber den Männern gefunden hatte, war ihre Position zehn Jahre später eher defensiv, wie in ihrem Aufsatz über „Die Frauen auf dem Stuttgarter Gewerkschaftskongreß" [256] deutlich wird. In dem Artikel benutzte sie Rollenklischees und unterstellte den Frauen eine grundsätzliche „Rivalität um die Neigung des Mannes mit all den hässlichen und demoralisierenden Begleiterscheinungen des Neides und der Eifersucht. Woher soll da das Gefühl der Zusammengehörigkeit, die Erkenntnis der Solidarität kommen?", fragte sie.

Mit dieser Argumentation unterstützte Steinbach die Haltung von Gewerkschaftern, die behaupteten, an ihnen liege es nicht, dass die Beteiligung der Arbeiterinnen so gering sei. Steinbach konstatierte in demselben Artikel ein hohes Bewusstseinsniveau des Arbeiters, der dem „Evangelium des Solidaritätsprinzips" treu sei, von dem die weibliche Arbeiterschaft noch weit entfernt wäre. Sie wusste, dass für viele Arbeiterinnen die Erwerbstätigkeit nur als Übergangsstadium geplant war und sah auch, dass außerhäusliche Arbeit bei verheirateten Frauen zu einer „doppelt so großen Last" wie bei den Männern führte. Indem sie aber bei verheirateten Frauen von „erzwungenem Mitverdienen" sprach, passte sie sich einer Entwicklung in den Gewerkschaften an, die dem Ideal der erwerbslosen Hausfrau und Mutter den Vorzug vor der berufstätigen Proletarierin

---

254 S 8897, Bd. 1, 6.12.1900. Auf dieser „Frauenversammlung" waren von den 200 Anwesenden 80 Männer.
255 Ebd.
256 SMH VI. Jg.(1902), Bd. 2, S. 26–28.

gab.[257] Steinbach wollte die verheiratete Arbeiterin durchaus organisiert wissen, aber indirekt beugte sie sich der Konvention, die Frauenerwerbstätigkeit nur im Falle wirtschaftlicher Not, nicht aber als Normalzustand zu akzeptieren. Außer dem wiederholte Steinbach das Vorurteil über die Zurückdrängung männlicher Arbeitskräfte durch niedrige Frauenlöhne.[258]

1916 zog Steinbach das enttäuschte Resümee, dass ihre Einschätzung über die Eingliederung der Frauen in die Gewerkschaften zu optimistisch gewesen war. Die „Gleichgültigkeit, die kurzsichtige Interesselosigkeit der männlichen Kollegen" sei schuld an den Verhältnissen.[259]

Steinbach hatte sich aber lange, bevor sie diesen Schluss zog, aus der aktiven Gestaltung der Hamburger Gewerkschaftspolitik zurückgezogen. Während sie in der ersten Hälfte der 90er Jahre bei fast allen Versammlungen des Hamburger Gewerkschaftskartells anwesend war und sich zu allen relevanten Fragen äußerte und selbst 1897, als sie nicht Delegierte war, an Sitzungen teilnahm, trat sie danach kaum noch in Erscheinung, was nur zum Teil durch ihren Einsatz für die „Produktion" zu erklären ist.[260] Vermutlich hat dabei auch Resignation über das Desinteresse ihrer männlichen Kollegen eine Rolle gespielt. Da schien die „Produktion" ein erfolgversprechenderes Agitationsfeld zu bieten.

4.3. Die Aufgaben der Gewerkschaften aus der Sicht Steinbachs unter besonderer Berücksichtigung des Verhältnisses zur SPD

4.3.1. Praktische Forderungen zur Verbesserung der Lage der Arbeiter und Arbeiterinnen

Nach dem Ende des Sozialistengesetzes stellte sich die Frage nach der Aufgabe der Gewerkschaften neu. Unter dem Sozialistengesetz hatten sie anerkanntermaßen „organisierte Überlebenshilfe" für die Partei geleistet,

257 *Losseff-Tillmanns. S. 152. In einer SPD-Mitgliederversammlung hatte Steinbach den unkonventionellen Vorschlag gemacht , die Männer sollten doch an einem Abend die Kinder hüten, damit die Frauen in die Versammlung kommen könnten. HE Nr. 18, 22.1.1901. Das Hamburger Fremdenblatt vom 23.1.1901 kommentierte: „Oh Helma! Sind Dir denn Häuslichkeit und Familie ganz Wurst geworden."*

258 *SMH VI. Jg., Bd. 2, S. 627.*

259 *Vorwärts Nr. 336, 7.12.1916. Dieser Artikel war eine Antwort auf Gertrud Hannas Artikel: „Der drohende Kampf der Geschlechter".*

260 *V 350, Bd. 8, Liste der aufgetretenen Redner. Ab 1900 lassen sich Redebeiträge nur noch über Zeitungsausschnitte erschließen. Für Reden ohne Mandat, siehe V 350/3, 11.11.1897.*

dennoch wurde auf dem Erfurter Parteitag 1891 der Führungsanspruch der SPD bekräftigt. Demgegenüber behauptete der Gewerkschaftsführer Legien, „die Masse der Arbeiter könne für die sozialistische Idee nur durch den wirtschaftlichen Kampf in der heutigen bürgerlichen Gesellschaft gewonnen werden".[261]

Diesen Standpunkt vertrat auch Helma Steinbach und widersprach vehement jenen Genossen, die den Gewerkschaften nach dem Fall des Sozialistengesetzes die Existenzberechtigung absprachen.[262]

Während einer Agitationsreise für den Verband der Schneider und Schneiderinnen erklärte sie, die Gewerkschaften sollten für materielle Verbesserungen kämpfen, um die Voraussetzung für ein breiteres Interesse an der Organisation zu schaffen. Dabei sollten Leistungen wie Arbeitslosenunterstützung, Betriebswerkstätten sowie Kranken- und Sterbekassen als Bindeglied an die Gewerkschaften funktionieren, die oft im Verlauf von Arbeitskämpfen starken Zulauf hatten, aber danach meistens einen starken Mitgliederrückgang verzeichnen mussten.[263]

Steinbach erhoffte von den sozialen Leistungen, dass sie für den Arbeiter Sicherheit „für alle Fälle des Lebens" bieten würden. Sie hatte erkannt, dass die geringe Organisationsbereitschaft oft durch lange Arbeitszeit, niedrige Löhne, soziale Not und daraus folgend mangelndes Selbstbewusstsein und Resignation bedingt war. Die Absicherung durch die Gewerkschaft sollte die Voraussetzung für die „Schulung und Disziplinierung der Massen zum wirtschaftlichen Klassenkampf" schaffen.[264]

Deshalb nannte sie den Kampf für Arbeiterschutzgesetze eine der wichtigsten Aufgaben der Gewerkschaften.[265] Das Eintreten für die soziale Sicherung des Proletariats im kapitalistischen System diente vor allem der Agitation für das große Ziel, den Klassenkampf. Die tatsächlichen Verbesserungen im kapitalistischen System standen für sie zunächst an zweiter Stelle. So begrüßte Steinbach die Annahme der Resolution Göllner durch den Gewerkschaftskongress 1902, die auch den weiblichen Mitgliedern Anspruch auf Unterstützung gewährte, als ein Mittel, das weibliche Proletariat leichter als bisher für den „organisierten Emancipationskampf" zu gewinnen.[266]

261 Zitiert nach Schönhoven: Die Gewerkschaften als Massenbewegung, S. 193

262 V 334a. Bd. 4, 29.10.1892. Steinbach beteiligte sich auch an der Reorganisation des Gewerkschaftskartells, die sie für dringend notwendig hielt, um die Bewegung zu retten, die sonst „Lütten bei Lütten" einschlafen würde. Vgl. HE Nr. 273, 19.11.1893.

263 Fachzeitung für Schneider Nr. 19, 8.5.1897 passim. Das Thema dieser Reise waren Lohnkämpfe, und wie deren Erfolge gesichert werden könnten. Niggemann, S. 133, zum Zulauf bei Lohnkämpfen.

264 Fachzeitung für Schneider Nr. 27, 3.7.1897.

265 Ebd. Nr. 19, 8.5.1897.

266 SMH VI. Jg. (1902), Bd. 2, S. 628.

Mit dem Vordringen reformistischer Strömungen innerhalb der Arbeiterbewegung verschoben sich jedoch auch bei Steinbach die Akzente. Hatte sie 1897 Streikmaßnahmen noch als „Notwehr" bezeichnet, so war sie einige Jahre später wesentlich mehr darauf bedacht, bei Lohnkämpfen keine größeren Risiken einzugehen, durch die Erreichtes in Gefahr geriet. Die Gewerkschaften sollten sich systemimmanent für die Verbesserung der Lebensbedingungen des Proletariats einsetzen. „Auf friedlichem, nicht blutigem" Wege, sollte die Gesetzgebung verändert werden.[267] Konflikte mit den Arbeitgebern sollten auf dem Verhandlungswege gelöst werden.

Steinbach predigte nicht mehr die Verschärfung des Klassenkampfes, sondern die Verbesserung der Lage der Arbeiterklasse allein durch die wachsende Macht der Gewerkschaften.[268] Steinbach, und nicht nur sie allein, maß den Erfolg der Gewerkschaften vor allem an ihrer wachsenden Mitgliederzahl. Das Wachsen der Organisation wurde so zum Selbstzweck.

4.3.2. Das Verhältnis der Gewerkschafterin zur SPD

Als die Gewerkschaften in der ersten Hälfte der 90er Jahre um das Überleben kämpften,[269] stellte sich auch Steinbach die Frage, wie die Gewerkschaften dauerhaft gestärkt werden könnten. Sie verlangte von der politischen Bewegung, die Gewerkschaften zu unterstützen. Als es 1891 darum ging, ob die Gewerkschaften oder die SPD die Gestaltung der Maifeier übernehmen sollte, sprach sie sich für die Partei aus. Die SPD sollte Demonstrationen organisieren und sich an deren Spitze stellen, um zu beweisen, dass die Arbeiterbewegung trotz der Niederlage von 1890 nicht aufgeben würde. Steinbach schätzte die Möglichkeit der Gewerkschaften, aus eigener Kraft die Krise bewältigen zu können, als sehr gering ein.[270]

Das äußerte sich auch in der Tatsache, dass sie immer wieder forderte, alle Parteimitglieder müssten sich einer Gewerkschaft anschließen.[271] Als der Gewerkschaftsführer Legien diesen Anspruch auf dem Kölner Parteitag 1893 vertrat, konnte er sich nicht durchsetzen. Dies hinderte Steinbach aber nicht daran, im November 1893 in einer öffentlichen Versammlung bei Ehlers in Eimsbüttel eine Resolution einzubringen, die diese Entschei-

---

267 S 7290, Bd. 1, 25.8.1905.

268 V 334a, Bd. 20, 30.1.1905, HE Nr. 34, 9.2.1905. V 350, Bd. 6, 16.11.1906. Steinbach befand sich mit ihre Einstellung durchaus auf einer Linie mit vielen anderen Gewerkschaftern. Zur „evolutionären" an Stelle revolutionärer Politik der Gewerkschaften. vgl. Schönhoven: Die deutschen Gewerkschaften. Frankfurt 1987, S. 59

269 Schönhoven: Die deutschen Gewerkschaften, S. 67.

270 V 334a, Bd. 1, 26.3.1891.

271 S 2009 „Auszüge", 17.7.1893.

dung des Parteitages verurteilte:[272] „Die heute bei Ehlers in Eimsbüttel tagende Versammlung hält die von den Gewerkschaftsanhängern einge-
nommene Stellung auf dem Parteitage, daß die wirthschaftlichen
Organisationen eine unumgängliche Nothwendigkeit im Befreiungskampf
des Proletariats bilden, für Recht, und hält trotz der auf dem Kongress
entgegengesetzt geäußerten Meinung die wirthschaftlichen Organisationen für stark genug, das Proletariat vor vollständigem Versinken in den
Pauperismus zu bewahren, dasselbe kampffähig zu erhalten."

Sie behauptete, dass die politische Bewegung die kapitalistische Produk-
tionsweise „niemals werde umgestalten können, dieses werde nur durch die
Gewerkschaftsbewegung bezweckt werden können". Die Bedeutung, die
sie damit den Gewerkschaften zumaß, entsprach zu diesem Zeitpunkt
nicht deren tatsächlichem Zustand. Es folgte noch die polemische Aufforderung an (den nicht anwesenden) Bebel, seiner Gewerkschaft beizutreten.[273]

Als die Gewerkschaften ab Mitte der 90er Jahre wieder stärkeren Zulauf
verzeichnen konnten, stieg das Selbstbewusstsein der Gewerkschafterin
Helma Steinbach gegenüber der Partei erheblich. Ganz im Sinne des Füh-
rungsanspruches der Partei hatte eine kombinierte Versammlung der drei
Hamburger Wahlkreise im März 1894 beschlossen, am Maifeiertag sowohl morgens als auch abends Veranstaltungen zu organisieren. Steinbach
und andere Gewerkschaftsvertreter, unter ihnen auch von Elm, reagierten
auf diesen Plan gereizt. Sie fühlten sich übergangen, weil sie der Auffassung waren, dass an erster Stelle das Gewerkschaftskartell über die Gestaltung des Maifeiertags zu entscheiden hätte. Steinbach war aber mit
diesem Antrag auf der Versammlung der drei Hamburger Wahlkreise
durchgefallen.[274] Als es einige Monate später darum ging, eventuelle Boy-
kottbeschlüsse des Gewerkschaftskartells mit der Partei und dem „Hamburger Echo" abzusprechen, lehnte sie diesen Vorschlag ab. Allerdings
war sie die einzige, die gegen die Kooperation stimmte.[275] 1895 war aus
dem 1. Mai, dem Kampftag der Arbeiterklasse, für Steinbach in der
Hauptsache ein Agitationstag zur Stärkung der Gewerkschaften geworden.[276]

---

272 *HE Nr. 273, 19.11.1893. Ihre Resolution wurde von der Versammlung nicht angenommen. Stattdessen wurde eine
Resolution verabschiedet, die nur den Ton der Debatte auf dem Parteitag verurteilte.*

273 *V 327-86, Bd. 1, 21.11.1893, HE Nr. 273, 19.11.1893. Zwischen 1891 und 1893 war die Zahl der Mitglieder im Hamburger Gewerkschaftskartell von 21.793 auf 14.393 zurückgegangen. Vgl. Ullrich, S. 66.u. Kapitel 3.3.*

274 *V 350, Bd. 2, 30.3.1894.*

275 *S 3470, Bd. 1, 29.08.1894. Zwei Jahre später griff sie während des Boykotts der Mohr'schen Margarine das „Echo" an:
Die Zeitung habe Schuld am Scheitern des Boykotts. Vgl. V 350, Bd. 3, 15.5.1896, HE Nr. 121, 27.5.1896.*

276 *S 4475 "Beschlüsse", 9.3.1895.*

Die Schärfe, mit der Steinbach innerhalb der SPD und gegenüber dem „Echo" Position bezog, ergab sich allerdings nicht nur aus inhaltlichen Differenzen. Oft hatten die Auseinandersetzungen eine emotionale Komponente. Sie fühlte sich persönlich getroffen, weil sie meinte, dass die Partei und das „Echo" die Gewerkschaftsbewegung und damit ihre eigene Tätigkeit nicht ausreichend beachteten. Gegen die vermeintliche Missachtung der Gewerkschaften betonte sie demonstrativ deren Bedeutung und forderte eine Politik, die der gewerkschaftlichen Richtung in der Hamburger Arbeiterbewegung wachsende Geltung verschaffen sollte.

Ein prägnantes Beispiel dafür ist die ausführliche Zeitungspolemik[277] zwischen Steinbach und Otto Stolten anlässlich der Gestaltung des Demonstrationszuges zum 1. Mai 1898. Die Kartellkommission hatte vorgeschlagen, nur die Arbeiter zum Demonstrationszug zuzulassen, die entweder der politischen oder gewerkschaftlichen Organisation angehörten. (Steinbach bezeichnete von Elm als den „Vater des Gedankens") Dieser Antrag war in einer kombinierten Versammlung der drei Wahlkreise abgelehnt worden. Steinbach hatte gegen den Schlussantrag gesprochen, konnte sich aber nicht durchsetzen, worauf sie wütend den Saal verließ. In ihrer Zeitungspolemik unterstellte sie, die Versammlung sei gewerkschaftsfeindlich zusammengesetzt gewesen. Obwohl sich bereits zehn Redner zum Thema geäußert hatten und die Abstimmung über den Schlussantrag mit einer Zweidrittelmehrheit eindeutig ausfiel, sprach Steinbach von „Mundtodtmachung" der Befürworter des Antrags der Kartellkommission. Sie behauptete, dass von dem Antrag der Wert der ganzen Maidemonstration abhinge, und dass die Gegner des Antrags sich unlauterer Mittel bedient hätten, um ihren Standpunkt durchzusetzen. Einen Teil der Vorwürfe musste sie schließlich zurücknehmen, an ihrem Standpunkt, dass eine ausführliche Diskussion mit Absicht verhindert worden sei, hielt sie jedoch fest.

Trotz dieser zum Teil sehr unsachlich geführten Auseinandersetzung wurde der Antrag der Kartellkommission in einer Versammlung des Gewerkschaftskartells schließlich angenommen.[278] Die gewerkschaftliche Richtung hatte sich durchgesetzt. Für Steinbach war sie die praktische Seite der Arbeiterbewegung, auf der sie selbst stand: „Theoretisch ist die deutsche Sozialdemokratie groß, aber praktisch, da hapert es noch recht bedeutend", bemerkte sie.[279]

---

277 HE Nr. 74, 77, 79, 1898.
278 Hamburger Correspondent Nr. 189, 24.4.1898, HE Nr. 104, 5.5.1898, V 350 Bd. 4, 23.4.1898.
279 V 334a, Bd. 12, 15.11.1898.

4.3.3. Neutralitätsstreit und Massenstreikdebatte

Die sich verschärfenden Konflikte zwischen Partei und Gewerkschaften um den Führungs- oder Gleichberechtigungsanspruch fanden ihren Ausdruck im Neutralitätsstreit und in der Massenstreikdebatte. In beiden Auseinandersetzungen vertrat Steinbach den Standpunkt der Gewerkschaften. Zur Neutralitätsdebatte äußerte sie sich in einem Artikel für die Sozialistischen Monatshefte, der nicht durch Klarheit der Argumentation besticht, aber deutlich macht, dass sie eine bedingungslose Vertreterin gewerkschaftlicher Neutralität war.[280] Aus zwei Gründen bestand sie auf parteipolitischer Neutralität:

1. Dem Bürgertum, den Unternehmern und den sogenannten „gelben" Gewerkschaften würde durch parteipolitische Stellungnahme eine Bekämpfung der freien Gewerkschaften erheblich erleichtert, weil sie sie mit Hinweis auf den „socialdemokratischen Charakter" diffamieren könnten. Nur mit politischer und religiöser Neutralität[281] sei es möglich, auch diejenigen an den „wirtschaftlichen Klassenkampf" heranzuführen, die der sozialdemokratischen Bewegung fernstanden. Steinbach vertraute auf eine „natürliche Entwicklung der Dinge", die die „zu wirtschaftlicher Erkenntnis erwachenden Arbeiterscharen" der Bewegung näher bringen würden. Von einer deutlichen Parteinahme für die Sozialdemokratie befürchtete sie die Abschreckung breiter Kreise des Proletariats.

2. Da sich Frauen, Minderjährige und Lehrlinge in großen Teilen Deutschlands nicht mit Politik befassen durften, war es den Polizeibehörden bei der Debatte politischer Themen leicht möglich, Organisationen aufzulösen. Die Befürchtung Steinbachs, dass den Arbeiterinnen durch die Politisierung der Gewerkschaften das Koalitionsrecht durch die Hintertür wieder genommen werden könnte, war berechtigt, wie sie aus eigener Erfahrung von der Agitationstournee 1895 wusste. Gerade weil der Schwerpunkt ihrer Arbeit dem weiblichen Proletariat galt und sie die Probleme der Frauenagitation gut kannte, war es für sie folgerichtig, sich für die Neutralität der Gewerkschaften einzusetzen. Der Artikel zum Neutralitätsstreit zeigt über ihren Standpunkt in dieser Debatte hinaus besonders deutlich, wie Steinbach das Verhältnis der gewerkschaftlichen zur politischen Organisation definierte und damit indirekt auch den Wert ihrer eigenen Tätigkeit. Sie unterschied zwischen der „rein praktischen Auffassung" der Dinge, die sie selbst vertrat, und den „Theoretikern" in der Partei. Selbstbewusst meinte sie, den „Theoretikern" einiges voraus zu haben, denn die seien in der Bewertung der Gewerkschaftsbewegung „doch noch

---

280 *SMH IV. Jg., Aug. 1900: „Nicht oder sondern: und!" S. 483-491.*
281 *Zur Haltung Steinbachs gegenüber Kirche und Religion, vgl. Kapitel 5.5.*

zurück" geblieben. So antwortete sie dem Parteitheoretiker Kautsky, der gegen die Neutralität der Gewerkschaften argumentiert hatte, mit einer gewissen Überheblichkeit: „Genosse Kautsky mag ruhig sein! Die ‚neutralen Gewerkschafter' denken nicht daran, innerhalb der P a r t e i b e w e g u n g das ‚Endziel' in den Glasschrank zu stellen ... Wir wollen ernsten wirklichen Classenkampf in seinen Gewerkschaftsorganisationen u n d intensive politische Arbeit in socialdemokratischen Parteiorganisationen!"[282]

Auch in der Massenstreikdebatte vertrat sie die Position der Gewerkschaften. Die Debatte entstand im Zusammenhang mit dem Ruhrarbeiterstreik 1905 und der russischen Revolution in jenem Jahr. Die Gewerkschaften hielten das Mittel des Generalstreiks für „indiskutabel", weil er nicht länger als für ein paar Tage finanzierbar sei. In der SPD befürworteten unter anderem Bebel und Luxemburg den Massenstreik als „eines der wirksamsten Kampfmittel".[283]

Den Konsens, der schließlich auf dem Mannheimer Parteitag 1906 nach jahrelangen Auseinandersetzungen gefunden wurde, betrachtete Steinbach als einen eindeutigen Erfolg der Gewerkschaften. Tatsächlich mussten aber die Gewerkschaften den Massenstreik als mögliches Kampfmittel akzeptieren.[284] Steinbach interpretierte die Beschlüsse des Parteitags als eine Absage an die - von ihr so bezeichneten –„Revolutionsromantiker" und hob hervor, dass Bebel den Massenstreik als nur „äußerstes» Kampfmittel bezeichnet hatte. In ihrer Auslegung war der Massenstreik damit für die aktuelle politische Situation vom Tisch und die „warnenden verantwortlichen Führer der Gewerkschaftsorganisationen" hatten sich durchsetzen können.[285]

Auf dem Mannheimer Parteitag war Steinbach nicht als Delegierte, sondern nur als Zuhörerin anwesend. Sie hatte sich am „Pressetisch hingepflanzt", wie Louise Zietz es formulierte.[286] Die Auseinandersetzungen um den Massenstreik als Kampfmittel hatten noch über den Parteitag hinaus eine persönliche Fehde zwischen Steinbach und Louise Zietz zur Folge, die im Sprechsaal des „Echos" ausgetragen wurde. Zietz hatte auf

---

282 *V 334a, Bd. 12, 15.11.1898. Meine Hervorhebung.*

283 *Lehnert: Sozialdemokratie zwischen Protestbewegung und Regierungspartei 1848-1983, Frankfurt 1983, S. 102f.*

284 *Zu den Vereinbarungen des Mannheimer Parteitags, die die Führungsrolle der Partei bestätigten, aber den Gewerkschaften im wirtschaftlichen Bereich Autonomie garantierten, vgl. Schönhoven: Die deutschen Gewerkschaften , S. 69. Lehnert, S. 103f.*

285 *HE Nr. 248, 24.10.1906. Da Steinbach sich an den Parteitagsbeschluss gebunden fühlte, konnte sie in öffentlichen Versammlungen den Massenstreik als Kampfmittel nicht rundheraus ablehnen. Aus diesem Grund verlegte sie sich auf unverbindliche Formulierungen: „Wenn dann die Regierung dem Drängen der reaktionären Sippen nachgebend, zum Verfassungsbruch schreiten sollte, dann könnten wir getrosten Mutes in den Massenstreik schreiten." HE Nr. 272, 21.11.1906.*

286 *Hamburger Correspondent Nr. 532, 19.10.1906. Louise Zietz war eine der erfolgreichsten Agitatorinnen der sozialistischen Frauenbewegung. Als Vertrauensperson der Hamburger Sozialdemokratinnen machte sie Hamburg zur „Hochburg der sozialistischen Frauenbewegung". Von 1904 bis 1908 gehörte sie dem Hamburger Parteivorstand an. Vgl. Niggemann, S. 348.*

Louise Zietz

dem Parteitag in einer persönlichen Bemerkung erklärt, dass sie in der Diskussion über den Massenstreik immer die Bebelsche Position vertreten habe. Als sie von der Tribüne herunterkam, sprang Steinbach auf und flüsterte ihr zu: „Ich beneide Sie nicht um die eiserne Stirn, mit welcher Sie soeben den Parteitag angelogen haben!" Die Frage, ob Steinbach ihr dabei wirklich die Faust unter die Nase gehalten hatte, wie Zietz behauptete, wurde nicht eindeutig geklärt, aber die bürgerliche Presse hatte ihre Freude am Streit der beiden „edlen Frauen".[287]

5. Die Sozialdemokratin

5.1. Delegierte zum Parteitag in Halle 1890

Nicht für einen Hamburger Wahlkreis, sondern für Gera war Helma Steinbach Delegierte auf dem ersten Parteitag nach dem Fall des Sozialistengesetzes. Kurz vor Beginn des Parteitags hatte sie sich von einer öffentlichen Männer- und Frauenversammlung in Gera, das nur etwa 70 Kilometer von Halle entfernt liegt, ein Mandat erteilen lassen.[288] Dieses unkonventionelle Verfahren - ihr Mandat wurde von der entsprechenden Kommission überprüft - gab Steinbach Anlass zu betonen, dass auch in der SPD die Wahl von weiblichen Vertretern keine Selbstverständlichkeit war. „Daß ich überhaupt hier das Wort ergreife, verdanke ich nicht Ihnen, sondern leider unseren eigenen Kämpfen." Sie habe sich nicht nach dem Mandat gedrängt, wolle aber der Unterstellung der bürgerlichen „Ham-

---

287 HE Nr. 248, 24.10.1906, Hamburger Correspondent Nr. 532, 19.10.1906.
288 PTP 1890, S. 113.

burger Nachrichten", dass die Sozialdemokraten wahrscheinlich keine Frauen zulassen würden, entgegentreten.[289]

Dass die 42jährige Steinbach das Mandat nur übernahm, um Angriffe der bürgerlichen Presse abzuwehren, muss bezweifelt werden. Schließlich war dieser erste Parteitag durchaus ein besonderes Ereignis. Außerdem bemühte sich Steinbach auch in den folgenden Jahren immer um ein Mandat. Ihre Kritik an der geringen Zahl weiblicher Delegierter war jedoch berechtigt. Unter den 388 Delegierten stellten die vier Frauen nur eine verschwindende Minderheit dar.[290]

Die weiblichen Delegierten machten gemeinsam Vorschläge zum Parteiprogramm. Zum einen sollte unter Paragraph 5 das Verbot der Kinderarbeit unter 14 Jahren aufgenommen werden, zum anderen sollte alle gesundheitsschädliche Arbeit auf sechs Stunden täglich beschränkt werden. Darüber hinaus verlangten sie, die Forderung nach Einführung weiblicher Fabrikinspektoren zur Überwachung der Schutzgesetze im Parteiprogramm zu verankern.[291] Steinbach begründete den Antrag und betonte, dass sie keine besonderen Schutzgesetze für Frauen und vor allem nicht die Abschaffung der Frauenarbeit anstrebte. „Ich bitte Sie also im Programm festzulegen, wenn Sie schon auf die Schädlichkeit der Arbeit Rücksicht nehmen, dass beide Geschlechter gleichmäßig berücksichtigt werden." Denn schlechte Arbeitsbedingungen beträfen sowohl Frauen als auch Männer.[292]

Widerspruch erntete Steinbach von einem Genossen, der ihr fälschlicherweise unterstellte, die Frage der Frauenarbeit getrennt von der sozialen Frage angehen zu wollen.[293] Liebknecht hingegen betonte seine Übereinstimmung mit Steinbach zur „prinzipiellen" Gleichheit von Frauen und Männern bei Schutzgesetzen.[294] Dieser absolute Gleichberechtigungsanspruch wurde aber nur wenige Jahre später zugunsten der Forderung nach Arbeiterinnenschutzgesetzen aufgegeben.[295]

---

289 Ebd., S. 195.

290 Niggemann, S. 233. Ob der Anteil der weiblichen Delegierten dem Anteil der Frauen in der SPD entsprach, muss offen bleiben, da erst ab 1908 genaue Zahlen existieren. Die drei anderen Frauen waren Ihrer, Gundelach und Blohm.

291 PTP 1890, S. 184. Die Forderung nach weiblichen Fabrikinspektoren wurde im Parteiprogramm durch die Forderung nach Überwachung der gewerblichen Betriebe durch das Reichsarbeitsamt, die Bezirksarbeitsämter und Arbeitskammern ersetzt. Die Forderung nach einem Arbeitsverbot für Kinder unter 14 Jahren wurde in das Programm aufgenommen. Vgl. PTP 1891, S. 6.

292 Ebd., S. 196. Von wenigen Ausnahmen abgesehen, beschränkten sich die weiblichen Delegierten bei Parteitagen auf Äußerungen zu sogenannten Frauenthemen. Vgl. Niggemann, S. 234f. Auch Steinbach äußerte sich in erster Linie zur Frauenagitation, beteiligte sich aber auch an den Diskussionen über die Agrarfrage und die „Neue Welt", allerdings waren ihre Beiträge nur kurz und nicht programmatisch. Vgl. PTP 1895, S. 160. PTP 1897, S. 109f.

293 PTP 1890, S. 197.

294 Ebd., S. 203.

295 Zur Auseinandersetzung um die Frage des Arbeiterinnenschutzes, vgl. Niggemann, S. 134ff. Ab 1893 waren prinzipielle Gleichheitsbestrebungen abgeschafft.

Neben den Vorschlägen zum Parteiprogramm nutzte Steinbach das Forum des ersten Parteitags, um sich darüber zu beschweren, dass das „Hamburger Echo" ihre „praktischen Bestrebungen" zur Gründung von Fachvereinen für Frauen nicht ausreichend beachtet habe. Die Zeitung sei dem Parteiprogramm nicht gerecht geworden, sondern habe Steinbachs Anstrengungen „in einen Topf" mit „blaustrümpflerischen Neigungen" und „Gleichberechtigungsdusel" geworfen.[296] Der Genosse Schmalfeld bestätigte, dass Steinbach mit dieser Klage nicht allein dastehe.[297] Andererseits vereinfachte sie das Problem mit der polemischen Bemerkung: „Kaufe doch die Redaktion mehr Papier", um so Platz für Berichte aus der Gewerkschaftsbewegung zu schaffen.

Steinbach wurde mehrfach als Delegierte zu den sozialdemokratischen Parteitagen gewählt. In den Jahren 1891, 1895, 1897 und 1901 war sie Delegierte des III. Hamburger Wahlkreises. Im Jahre 1900 nahm sie außerdem an der ersten Frauenkonferenz teil. Wenn sie kein Mandat hatte, besuchte sie zum Teil die sozialdemokratischen Parteitage als Zuhörerin, so zum Beispiel in den Jahren 1906 und 1908.[298] „Ich muss ja überall, wo etwas los ist, dabei sein",[299] sagte sie.

5.2. Keine „Extrawurst" für die Sozialdemokratinnen

Den Egalitätsanspruch, den Steinbach auf dem Hallenser Parteitag vertreten hatte, machte sie auch geltend, als es 1891 um die Entsendung einer Delegierten für die Hamburger Sozialdemokratinnen zum Parteitag nach Erfurt ging. In den Parteistatuten von 1890 war festgelegt worden, dass die Frauen das Recht hatten, eine eigene Delegierte zu wählen, wenn in den örtlichen SPD-Vereinen keine Frau gewählt würde.[300]

Helma Steinbach und einige andere Sozialdemokratinnen wollten auf dieses sogenannte „Sonderrecht" verzichten. Steinbach sagte in einer Versammlung der Agitationskommission der Frauen und Mädchen Hamburgs: „Wir sind Socialdemokratinnen ebenso gut als die Männer, die Männer wissen oft genug einen Druck auf die Frauen auszuüben, ob moralisch oder unmoralisch. Die Frauen haben manches thun müssen, was

296 PTP 1890, S. 233. Vermutlich war dieser Angriff im größtmöglichen Rahmen der Partei der Beginn der jahrelangen Auseinandersetzungen zwischen Steinbach und den Redakteuren des „Hamburger Echo".

297 PTP 1890, S. 236.

298 PTP 1891, 1895, 1897, 1900, 1901. Während des Parteitags zu Lübeck 1901 war sie Mitglied der „Mandats-Prüfungs- und Neuner Kommission". Zur Teilnahme am Parteitag 1906 vgl. HE Nr. 232, 19.10.1906, für 1908, vgl. V 334a, Bd. 26, 27.2.1909.

299 V 334a, Bd. 26, 27.2.1909.

300 Evans: Frauenemanzipation, S. 86.

die Männer nicht konnten wegen des Schandgesetzes, deshalb sind wir auch berechtigt, uns als Delegierte wählen zu lassen; wenn uns die Partei nicht anerkennen will, dann bleiben wir eben zu Hause." [301] Steinbach wollte das „Sonderrecht" auf keinen Fall wahrnehmen. Sie betonte aber, dass es nur recht und billig sei, in den Wahlkreisen auch eine Frau zu wählen.

In einer Versammlung der drei Hamburger Wahlkreise am 2. Oktober 1891 wurde über die bisherige Entwicklung der Frauenbewegung und die eventuelle Wahl einer Frauendelegierten debattiert. Steinbach forderte die Entsendung einer Delegierten, als Vertreterin des III. Wahlkreises, stieß aber auf Widerspruch. Der Diskussionsbeitrag des Reichstagsabgeordneten Metzger zeigt, dass einige Genossen den Bestrebungen der Frauen durchaus feindlich gegenüber standen.

„Den Vorwurf, die Führer hätten die Frauen nicht unterstützt, weise er zurück. Man müsse doch in erster Linie dem Manne Rechnung tragen, da ihm doch blos politische Rechte gegeben seien; später kämen die Frauen. Die Klage über zu niedrige Bildung der Frauen sei berechtigt, aber es fehle an Zeit, um sie zu den Ideen zu führen, wie Frau Steinbach meint. Die Männer, die sich am Tage physisch aufgerieben bei schwerer Arbeit, wären nicht im Stande, des Abends auch den Geist der Frau zu bilden." [302]

Nach dreimaliger Abstimmung wurde entschieden, die Diskussion weiterzuführen, aber aus Zeitmangel wurde dann doch beschlossen, eine Delegierte in einer Frauenversammlung zu wählen. Deren Spesen sollten aber im Gegensatz zu denen der anderen Delegierten nicht aus der Parteikasse bezahlt werden.[303] Steinbach kommentierte den Versammlungsbeschluss im „Hamburger Echo": „Die Hamburger Frauen müßten sich jetzt eine ‚Extrawurst' braten." [304] Sie sei aber dagegen.

Da Steinbach danach in der Versammlung des III. Wahlkreises mit 403 Stimmen (Metzger erhielt mit 450 die meisten) in den Parteikongress gewählt wurde, wurde die Wahl einer Frauendelegierten dann aber doch überflüssig. Der Böttcher Heinrich Rath meinte allerdings, ein weiblicher Delegierter sei „unpassend", vor allem, da es sich um einen besonders wichtigen Parteitag handle.[305] Außerdem erteilte eine öffentliche Frauen- und Mädchenversammlung Steinbach zwei Tage später ein Mandat.[306]

Die Debatte um eine Frauendelegierte wiederholte sich 1893. Auf dem Parteitag 1892 war ein Antrag Ottilie Baaders angenommen worden, die Klau-

---

301 V 348, 24.9.1891.
302 HE Nr. 234, 6.10.1891. Meine Hervorhebung.
303 Ebd.
304 Ebd.
305 V 334a, 12.10.1891. An dieser Versammlung nahmen ca. 700 Personen teil, darunter etwa 50 Frauen.
306 V 328-28, 8.10.1891.

sel über die Frauendelegierte zu streichen, weil es sich um ein Sonderrecht handele. Dennoch forderte die Berliner Frauenagitationskommission ein Jahr später die Genossinnen auf, sich über die Vertrauenspersonen auf die Wahl einer Delegierten zu einigen. Der Vorstoß der Agitationskommission war das Ergebnis der negativen Erfahrungen, die die Frauen nach Abschaffung der Klausel gemacht hatten.[307]

In einem Artikel mit dem Titel „Sind Frauen wirklich ‚von Natur‘ aus inkonsequent?"[308] begründete Steinbach ihre Opposition zu diesem Vorschlag: Die Aufforderung stehe in klarem Widerspruch zum Parteitagsbeschluss von 1892, als die Frauen freiwillig auf den „Frauen-Extrawurstpassus" verzichtet hätten. Die Tatsache, dass „die Männer durchaus nicht das nöthige Verständnis gezeigt haben für die Notwendigkeit der Heranziehung der wenigen weiblichen Agitationskräfte zu den Organisationsaufgaben der Partei" war für sie kein Grund, den Gleichbehandlungsanspruch aufzugeben. Selbst Nachteile, die sie persönlich durch den „fast inkurabel erscheinenden Egoismus der Herren der Schöpfung" erlitten hatte, schwächten nicht ihre Überzeugung, dass sich langfristig die Gleichstellung bei den Sozialdemokraten auch in der Praxis durchsetzen würde. Die Inkonsequenz der Männer dürfe von den Frauen nicht mit Inkonsequenz beantwortet werden.

Diese Politik verfolgte sie während ihrer gesamten politischen Karriere. Heftige Angriffe gegen die andauernde „Kurzsichtigkeit" der Männer führten bei ihr nicht zu dem Schluss, dass die besonderen Schwierigkeiten bei der Agitation von Proletarierinnen durch besondere Förderungsmaßnahmen ausgeglichen werden müssten.[309]

Viele führende Genossinnen waren mit Steinbach nicht einverstanden. In Hamburg war ihre wichtigste Opponentin Louise Zietz. Wegen dieser Differenzen hatte Steinbach seit Mitte der neunziger Jahre in der sozialistischen Frauenbewegung keinen Einfluss mehr. Das hing auch mit der organisatorischen Trennung in einen gewerkschaftlichen und einen politischen Flügel zusammen und war außerdem Folge ihrer reformistischen Haltung.[310] Nur in Einzelfällen gab es Zusammenarbeit in der Frauenagi-

---

307 *Evans: Frauenemanzipation. S. 86f.*

308 *HE Nr. 234, 5.10.1893.*

309 *Vgl. HE Nr. 45, 22.2., Nr. 46, 24.2. und Nr. 48, 26.2.1903 zur Debatte um die „Sonderorganisationen" zwischen Steinbach und Louise Zietz. Der Streit wurde im konservativen „Fremdenblatt" mit einem hämischen Gedicht kommentiert. Vgl. HF Nr. 51, 13. 1901. Mit dem Argument der Gleichbehandlung sprach sich Steinbach auch noch 1911, einige Monate nach dem ersten äußerst erfolgreich verlaufenen Frauentag, an dem sie selbst teilgenommen hatte, gegen sogenannte „Extraveranstaltungen" aus. Vgl. HE Nr. 195, 22.8.1911. Losseff-Tillmanns, S. 158f, kommt zu dem Schluss: „...die Männer haben das solidarische Verhalten der Frauen verraten und es dadurch zu einem Fehler in der Arbeiterinnenbewegung werden lassen".*

310 *In Bezug auf Steinbach macht Evans: Frauenemanzipation, S. 271 und S. 172, widersprüchliche Aussagen. Mit der Zuordnung Steinbachs in die Frauenbewegung übergeht er bestehende Meinungsverschiedenheiten. Andererseits konstatiert er, dass sie als Reformistin von allen Machtpositionen ausgeschlossen war.*

tation. Aber die unterschiedlichen Positionen zwischen den verschiedenen Flügeln der Frauenbewegung führten dazu, dass Clara Zetkin die Teilnahme von Helma Steinbach, Emma Ihrer und einigen anderen an der Frauenkonferenz 1902 durch Manipulation der Wahltermine verhinderte.[311]

Im folgenden Jahr erneuerte Helma Steinbach die Anschuldigung der „Sonderorganisation" gegen Zietz und die Frauenbewegung. In ihrem ausführlichen, aber auch polemischen Debattenbeitrag behauptete sie, Zietz habe gar kein Recht, sich in Hamburg als Vertrauensperson wählen zu lassen. Sie habe sich das Mandat zum Parteitag unrechtmäßigerweise durch eine Wahl in einer Frauenversammlung verschafft, nachdem sie in den Parteiversammlungen durchgefallen sei. Wegen ihrer „Extra-Frauenversammlungen" seien zu den SPD-Mitgliederversammlungen kaum noch Frauen erschienen. Steinbach sagte: „Wenn wir nun aber bis jetzt in der Partei betreff der Frauen nichts erreicht haben, so werden wir durch diese Frauenbewegung sicher nichts erreichen, weil die Frauen schon sagen, wir haben unsere eigenen Versammlungen ... Daß durch diese Kosten und durch diese Versammlungen das Interesse und Wohlergehen der Partei eher abgenommen wie zugenommen hat, wird doch wohl kein Mensch bestreiten wollen." Die Zeitschrift der proletarischen Frauenbewegung „Gleichheit" sei kein gutes Agitationsmittel, weil die Frauen sie nicht verstünden. Und was in den Zusammenkünften besprochen würde, sei eine „Schande". Auf einen Zuruf Fahrenwalds, die diesen Vorwurf genauer erläutert haben wollte, weigerte sich Steinbach einzugehen.

Die Versuche Fahrenwalds, sich gegen die Vorwürfe von Steinbach zur Wehr zu setzen, fanden kein Gehör. Für ihre harsche Kritik an der Frauenbewegung wurde Helma Steinbach nicht nur mit „Bravo", „Sehr richtig" und „langem Bravo" bedacht. Die Versammlungsteilnehmer wählten sie auch als Beisitzerin in den Parteivorstand des III. Wahlkreises, nachdem sie vorher erklärt hatte: „... da kann ja leicht so ein Weib mit zum Vorschlag kommen; ...Sie können sie wählen, sie können es aber auch noch lassen; aber keine Sonderstellung in der Partei, daß giebt es nicht".[312]

Die Opposition Steinbachs zur proletarischen Frauenbewegung hatte zur Folge, dass sie nicht als Agitatorin für die Frauenbewegung auftrat. Eine Ausnahme bildete der erste Frauentag 1911, als sie in Uhlenhorst vor etwa

311 *Niggemann, S. 194. Auf dem Parteitag 1902 war das Vertrauensfrauensystem für Hamburg wegen der liberaleren Gesetzgebung als „Sonderorganisation" in Frage gestellt worden. Zietz wehrte sich gegen die Vorwürfe der Hamburger Genossen Kimmel, Stubbe und Koenen. Sie konnte sich mit ihrem Antrag durchsetzen, dass durch das Organisationsstatut der Partei das Recht der Frauen, eigene Vertrauenspersonen zu wählen, nicht eingeschränkt wurde. Ebd., S. 67f.*

312 *V 334a, Bd. 18, 8.2.1903. Das Vertrauenspersonensystem wurde in Hamburg endgültig 1906 aufgegeben, nachdem die Frauen die Vertrauenspersonen nicht mehr in öffentlichen Versammlungen, sondern von den politisch organisierten Frauen wählen lassen wollten. Dieser Vorschlag wurde abgelehnt. Stattdessen entschied eine Parteiversammlung, in den Wahlkreisen eine Frau als sechstes Mitglied in die Vorstände zu wählen. Vgl. Niggemann, S. 68.*

300 Frauen und 100 Männern einen Vortrag über das Frauenwahlrecht hielt.[313] Außerdem schrieb sie einen Artikel für die von Clara Zetkin herausgegebene Broschüre „Frauenwahlrecht" mit dem Titel: „Die Dümmsten und die Schlauesten".[314] Sie begründete die Forderung nach dem Frauenwahlrecht damit, dass die Frauen, wenn sie die Möglichkeit hätten, bessere Gesetze als die „Majoritäten, die ‚edlen', ‚hochgebildeten' Männer", verabschieden würden. Als Beispiel diente ihr die spezielle „Umsatzsteuer" für Konsumgenossenschaften. „Ich frage Sie: Wäre es denkbar, wenn Frauen, Proletarierfrauen in den Parlamenten säßen, daß solche himmelschreienden Gesetze erlassen werden könnten?"

5.3. Eine streitbare und umstrittene Sozialdemokratin im III. Hamburger Wahlkreis

Steinbachs Diskussionsbeiträge lösten im III. Wahlkreis oft erbitterte Debatten aus. Die Form der Auseinandersetzungen, die von beiden Seiten zum Teil äußerst polemisch und diskriminierend geführt wurden, macht es schwer zu entscheiden, ob der jeweilige Standpunkt Steinbachs die heftige Reaktion provozierte, oder ob es ihre kompromisslose Art war.

Steinbach scheute keine Auseinandersetzung, auch wenn sie davon ausgehen konnte, in der Minderheit zu sein. Ihre Überzeugung, in jedem Fall das Richtige zu tun, äußerte sich in einer unnachgiebigen Diskussionshaltung, aber auch in eigenmächtigem Handeln. Dies war vor allem in der ersten Hälfte der neunziger Jahre der Fall, als ihr Eintreten für die gewerkschaftliche Organisation in der Partei wenig Interesse fand.

Da sie es als Aufgabe der SPD ansah, die Gewerkschaften zu fördern, entnahm sie 200 Mark aus der Kasse des Sozialdemokratischen Vereins für den III. Wahlkreis, um sie zur Unterstützung streikender Arbeiter zu verwenden. Sie meinte, dass ein verlorener Streik eine Gewerkschaft weiter schwächen würde, und begründete die fehlende Absprache mit den Genossen damit, dass den Streikenden das „Messer an der Kehle" gesessen habe. Sie erklärte, auch in Zukunft so verfahren zu wollen, aber dieses Ansinnen wurde von der Mitgliederversammlung abgelehnt.[315]

Umstritten war Steinbach im III. Wahlkreis vor allem, weil sie andere Meinungen nicht gelten ließ und schnell beleidigend wurde. Als sich Grünwald in der Debatte über die Gestaltung der Maifeier 1897 gegen den

---

313 S 8897, 20.3.1911.

314 *Frauenwahlrecht. Herausgegeben zum ersten Frauentag von Clara Zetkin, 1911.*

315 V 334a, Bd. 7, 28.7.1894.

Vorschlag Steinbachs aussprach, dass diejenigen Arbeiter, die an dem Tag arbeiten müssten, ein Drittel oder ein Viertel ihres Lohnes abgeben sollten, antwortete sie: „Daß ich nicht populär bin, weiß ich, ich weiß aber wenigstens, was ich will, ich könnte Ihnen ja auch nach dem Munde reden, mir geht aber die Wahrheit über Alles."[316] Da sie Grünwald indirekt der Lüge bezichtigte, kann es nicht überraschen, dass er ihr vorwarf, „überhaupt nur persönlich und nicht anders diskutieren" zu können.[317] Auch die Bezeichnung „Feinde"[318] für Parteimitglieder, die sich gegen ihre Wiederwahl in den Vorstand ausgesprochen hatten, weil sie nur selten an Vorstandssitzungen teilgenommen hatte, trug nicht zu einer sachlichen Auseinandersetzung bei.

Die Genossen standen ihr andererseits in polemischen Angriffen oft nicht nach. Grünwald warf ihr in der Maifeier-Debatte des Jahres 1896 vor: „Die Frau Steinbach hat nicht vielen Segen gebracht, denn in den meisten Organisationen hat sie so gewirkt, daß sie auseinandergegangen sind."[319]

Die Schärfe der Kontroversen zwischen Steinbach und ihren zumeist männlichen Genossen wurde aber auch durch das selbstbewusste und konfliktfreudige Verhalten Steinbachs provoziert, das als „unweiblich" galt. Auch das Streben nach Macht, nämlich nach einem Sitz im Vorstand oder einem Mandat für den Parteitag, entsprach nicht dem landläufigen Bild von einer „noblen Dame"[320]. Steinbach wurde in Diskussionen oft unsachlich, weil sie auch aus einer nebensächlichen Frage ein grundsätzliches Problem machte.[321] Auf diese Eigenschaft, alles was sie für falsch hielt, mit aller Kraft zu bekämpfen, spielte der Satz aus dem Nachruf des „Hamburger Echo" an: „Sie hat ehrlich gehaßt, was ihr schlecht und verderblich erschien."[322]

Wenn auch die Form oft polemisch war, ging es in den Auseinandersetzungen zwischen Steinbach und ihren Genossen auch um sachliche Fragen. Besondere Schwierigkeiten, ihren Standpunkt durchzusetzen, hatte Steinbach, als es darum ging, den Interessen der Frauen Gehör zu verschaffen. Durch den betonten Verzicht auf sogenannte „Sonderrechte" und

---

316 V 334a, Bd. 10, 25.3.1897.

317 Ebd.

318 HF Nr. 45, 23.2.1904.

319 V 334a, Bd. 9, 4.2.1896. Der Vorwurf Grünwalds entsprach nicht den Tatsachen, denn beispielsweise der Plätterinnenverein war an anderen Problemen gescheitert. Vgl. Kapitel 4.1.6..

320 V 334a, Bd. 4, 29.10.1892. So der Genosse Baker ironisch über Steinbach in einer Debatte über die Bedeutung von Gewerkschaften und Genossenschaften.

321 Steinbach bezeichnete den Antrag der Kartellkommission, nur gewerkschaftlich oder politisch Organisierte zur Maifeier zuzulassen, der durch die kombinierte Versammlung der drei Hamburger Wahlkreise abgelehnt worden war, als einen Antrag, „von dessen Annahme oder Ablehnung nach meiner Ansicht (der Herr Schriftführer gestattet hoffentlich, daß ich auch eine Ansicht habe) der Werth der ganzen Maidemonstration für die Hamburger organisierte Sozialdemokratie abhing". HE Nr. 74, 29.3.1898.

322 HE Nr. 159, 10.7.1918.

die Distanzierung von der sozialistischen Frauenbewegung, hatte sie ihre eigene Position geschwächt. In einem Artikel für das „Hamburger Echo" beklagte sie sich, dass wiederholt die Wünsche der Frauen ignoriert worden seien, und nun die Generalversammlung des III. Wahlkreises wieder an einem Sonntagvormittag stattfinden solle, „wo es den meisten Familienvätern ..., jedenfalls aber fast jeder Hausfrau und Mutter auf's Äußerste erschwert, ja vielfach fast unmöglich ist, ihrer Mitgliedspflicht zu genügen". Sie forderte die Frauen auf, dennoch in die Versammlung zu kommen und für den Antrag ihres Distrikts zu stimmen, der die Verlegung der Versammlungen auf einen Wochentag abends vorsah.[323]

Ihre Forderung, die sie am folgenden Tag in der Generalversammlung wiederholte, löste eine aufgeregte Debatte aus, in deren Verlauf Koenen[324], Neumann und Stubbe Helma Steinbach heftig angriffen und auf das eigentliche Diskussionsthema kaum noch eingingen.

Helma Steinbach hatte sich gegen den Antrag des Parteivorstandes ausgesprochen, die Delegierten zum Parteitag in Zukunft in Mitglieder- und nicht in öffentlichen Versammlungen zu wählen, weil ihrer Meinung nach zum Beispiel Beamte, die nicht der Partei angehören könnten, zum bloßen „Hammelstimmvieh" bei den Reichstagswahlen degradiert würden. Aber auch die Frauen seien benachteiligt. Der Vorsitzende Stubbe meinte, das Thema der Veranstaltungszeit und die Benachteiligung von Frauen „gehört nicht zur Sache". Steinbachs Einspruch, dass wegen der Weigerung vieler Genossen für ihre Ehefrauen Beiträge zu entrichten, deren Rechte bei Wahlen in Mitgliederversammlungen beschnitten würden, wurde ignoriert. „Sie sind keine Demokraten, wenn Sie den Antrag annehmen", gab sie zu bedenken. Koenen antwortete: „Sie will zum Parteitag immer den ersten Rang haben." Seine Stimme hätte sie aber noch nie bekommen. „Wenn Frau Steinbach der Antrag nicht paßt, geht es uns nichts an..." Und zum Thema Frauenbewegung sagte er: „Frau Steinbach, stellen Sie sich doch nicht so dumm an, wenn wir nicht so viele Männer in Unterhosen hätten, dann wären überhaupt keine Frauen hier." Im Folgenden bezeichnete er Steinbach noch als „die Olsch" und „alte Tante". Steinbach weigerte sich aber, darauf einzugehen. Sie sagte stattdessen, Koenen charakterisiere sich selbst. Im Verlauf der Auseinandersetzung wurden noch einige alte Streitigkeiten ausgegraben, bis der Genosse Jentsch beantragte, die Sache mit der „Person" Steinbach zu untersuchen und sie dann gegebenenfalls aus dem politischen Verein hinauszuwerfen. Abgestimmt wurde über diesen Antrag nicht, aber der Antrag des Vorstands zu den Delegiertenwahlen in Mitgliederversammlungen wurde angenommen. Ihren Antrag

---

323 HE Nr. 28, 2.2.1901.
324 Koenen hatte sich mehrfach durch frauenfeindliche Aussagen hervorgetan. Vgl. beispielsweise V 334a, Bd. 1, 17.1.1891.

auf Verlegung des Versammlungstages konnte Steinbach wegen ständiger Unterbrechungen nicht begründen. Der Antrag wurde ebenso abgelehnt wie ihr Antrag, die Mitgliedsbeiträge zu Hause abzuholen.[325] Der Streit zeigt, dass es in den Auseinandersetzungen mit Steinbach mehrere Ebenen gab, die sich nur schwer trennen lassen. Zum einen das Desinteresse und die Weigerung eines Teils der Parteiführung, sich mit sogenannten Frauenthemen auseinanderzusetzen, zum anderen die Schwierigkeit einiger Genossen, überhaupt Kritik oder aktive Teilnahme von Frauen zu akzeptieren und schließlich die starke Animosität gegenüber Steinbach.

Auch im folgenden Jahr gab es Anlass für Helma Steinbach, sich gegen die Benachteiligung der Frauen zur Wehr zu setzen. Weil in Eimsbüttel kein Lokal zur Verfügung stand, verlegte der Vorstand die Distriktsversammlung in ein Lokal auf preußischem Gebiet, wo aber das Vereinsgesetz den Frauen die Teilnahme an der Debatte verbot. Ein Antrag (Steinbachs?), die Versammlung nach dem Referat zu vertagen, damit sich auch die Frauen an den Wahlen der Parteitagsdelegierten beteiligen könnten, wurde abgelehnt. Da die Wahlversammlungen des III. Wahlkreises alle an einem Tag stattfinden sollten, aber an diesem Datum wieder kein Lokal frei war, sollte die Wahlversammlung des Distrikts Eimsbüttel erneut auf preußischem Gebiet stattfinden. Erst nach Protesten bemühte sich der Distriktsvorsitzende Neuhaus um ein anderes Lokal. Wohl um den Forderungen der Frauen mehr Nachdruck zu verleihen, schilderte Steinbach den Vorgang unter dem Titel „Ein in der Parteigeschichte des dritten Hamburger Wahlkreises unerhörter Fall!" im „Hamburger Echo".[326] In seiner Antwort gab Neuhaus zwar zu: „Nun ja, unangenehm war die Sache", aber wie wenig ernst er die Benachteiligung der Frauen nahm, geht daraus hervor, dass er Steinbach erwiderte, „sie hätte ja das Recht gehabt, nach Eppendorf oder nach der Hohenluft zu gehen, wenn sie zu der Tagesordnung des Parteitages soviel zu sagen oder Anträge zu stellen hatte". Im Übrigen verharmloste er das Problem: „...so gefährlich, wie sie diese Angelegenheit aufgebauscht hat, war es wirklich nicht".[327]

Helma Steinbach kandidierte immer wieder als Delegierte zu den Parteitagen, fiel aber meistens durch. Wie wichtig das Mandat für sie war, lässt

---

325 V 334a, Bd. 15, 4.2.1901. Das Abholen der Mitgliedsbeiträge wurde 1906 eingeführt und hat sich dann offensichtlich gut bewährt. Vgl. Jahresbericht Landesorganisation SPD 1907/08, S. 59.

326 HE Nr. 185, 10.8.1902. Erst seit Februar 1902 konnten die Frauen in Preußen überhaupt an politischen Versammlungen, wenn auch nur in einem abgetrennten Teil des Saales, teilnehmen, ohne sich an den Diskussionen beteiligen zu dürfen. Vgl. Evans: Frauenemanzipation, S. 93.

327 HE Nr. 186, 12.8.1902. Da für die Versammlung ein Lokal in Hamburg gefunden worden war, bemerkte Steinbach in einem weiteren „Eingesandt", dass erst „dank der gerügten Erregung" die „Prinzipienverletzung schlimmster Art" verhindert worden war. Ein beredtes Zeugnis für ihr Selbstwertgefühl ist die Bemerkung: „Ja, lieber Genosse Neuhaus, wenn alle (von den Frauen ganz zu schweigen) Genossen sich so viel um die Arbeiterbewegung bemühen wollten, wie ‚die Frau Steinbach', dann hätten wir ein etwas regeres Parteileben in Hamburg." HE Nr. 187, 13.8.1902.

sich nicht nur aus ihrem ständigen Bemühen darum ersehen, sondern auch daraus, dass Steinbach einmal nach ihrem Scheitern, wegen dieses „Misstrauensvotums" anfing zu weinen.[328]

Allen Differenzen zum Trotz wurde Helma Steinbach am 7. Februar 1903 als 2. Vorsitzende in den Vorstand des Sozialdemokratischen Vereins für den III. Wahlkreis gewählt, nachdem sie eine kritische Rede zur „Frauenagitation" gehalten hatte, in der sie explizit die Agitation von Louise Zietz angriff. Damit war sie ganz auf der Linie Stubbes, der behauptete, „diese ganze Frauenbewegung hat uns mehr geschadet als genützt". Die Zahl der weiblichen Mitglieder war um 28 zurückgegangen und die Gesamtmitgliederzahl des Vereins stagnierte.[329]

Im Jahr darauf wurde Steinbach abgewählt. Neuhaus hatte gefragt, warum sie von 42 Vorstandssitzungen bei 18 gefehlt habe. Steinbach verteidigte sich damit, dass sie so viele andere Verpflichtungen habe, wollte aber „freiwillig" nicht von ihrem Amt zurücktreten. In der anschließenden Wahl erhielt sie nur 30 Stimmen. Ihr Nachfolger erhielt 170 Stimmen.[330]

Erst 1908 war Steinbach wieder im Vorstand vertreten, als Revisorin. 1909 wurde sie zur Beisitzerin gewählt, und von 1910 bis 1914 war sie wieder Revisorin. In den ersten beiden Kriegsjahren zog sie sich weitgehend aus der Parteiarbeit zurück. 1917 wurde sie zur stellvertretenden Revisorin gewählt und einen Monat vor ihrem Tod erneut zur Revisorin.[331]

Schon lange vorher hatte Steinbach sich kaum noch um vereinsinterne Angelegenheiten gekümmert. Nach der Debatte um den Bau des Gewerkschaftshauses am Besenbinderhof, den Steinbach befürwortete,[332] der aber in der Hamburger SPD zunächst wegen der Finanzierung umstritten war, zog Steinbach sich zurück. Sie trat zwar weiterhin in den Versammlungen diverser Distrikte auf, aber nur um dort Vorträge zu Themen wie Genossenschaften, Frauenagitation oder dem Verhältnis zu den bürgerlichen Parteien zu halten.[333]

---

328 S 2009 „Auszug", 22.8.1903. Vgl. auch HE 12.8. und 17.8.1910, HE Nr. 191, 17.8.1911. 1913 und 1914 bemühte sie sich noch einmal erfolglos um ein verändertes Wahlverfahren für die Parteitagsdelegierten. Steinbach wollte über jeden Vorschlag abstimmen und die Vorwahlen in den Distrikten abschaffen. HE Nr. 276, 25.11.1913, HE Nr. 40, 17.2.1914.

329 V 334a, Bd. 18, 8.2.1903. Nach V 334a, Bd. 34, Heft 1, Liste der gewählten Parteivertreter, wurde Steinbach zur Beisitzerin, nicht zur 2. Vorsitzenden gewählt. Diese Angabe ist falsch. Vgl. dazu HE Nr. 45, 23.2.1904.

330 V 334a, Bd. 19, 21.2.1904, HE Nr. 47, 25.2.1904, HF Nr. 45, 23.2.1904.

331 V 334a, Bd. 34, Heft 1, Liste der gewählten Parteivertreter. HE Nr. 198, 25.7.1908, HE Nr. 196, 24.8.1909, HE Nr. 196, 23.8.1910, HE Nr. 195, 22.8.1911, HE Nr. 199, 27.8.1912, HE Nr. 145, 24.6.1913, HE Nr. 128, 5.6.1917, HE Nr. 133, 9.6.1918.

332 V 334a, Bd. 19, 10.6.1914. Mitgliederversammlung des Distrikts Eimsbüttel. Steinbach: „Der Platz ist gekauft, und das Haus wird gebaut. (oho)"

333 V 334a, Bd. 26, 27.2.1909, V 334a, Bd. 23, 16.11.1906, V 334a, Bd. 24, 18.7.1907.

5.4. „So sehnsüchtig nach dem hehrsten Ziel, war es ihr nicht gegeben, die größte gedankliche Einheit unserer Zeit zu bewältigen und zu meistern: die sozialistische Theorie."

Dieses scharfe Urteil über Steinbachs theoretische Kenntnisse in dem Nachruf der „Leipziger Volkszeitung" [334] verzerrte das Verhältnis Steinbachs zur Theorie, schon aus politischer Gegnerschaft. Nach der Parteispaltung 1917 wurde die „Leipziger Volkszeitung" von der Parteilinken herausgegeben.[335] Es bleibt aber festzustellen, dass Steinbach als Realpolitikerin nur wenig Interesse an theoretischen Fragen hatte und bereit war, Widersprüche zur Parteiideologie in Kauf zu nehmen.

Sie nahm in ihren Vorträgen zwar auf Marx, Engels und Bebel Bezug, aber manchmal in recht willkürlicher Weise und im Widerspruch zum Erfurter Programm. Steinbach machte aus ihrem verhältnismäßig geringen Interesse an der Theorie keinen Hehl. In deutlicher Abgrenzung zu den Theoretikern bezeichnete sie sich als „Freund von einer praktischen Politik" und fand für ihre reformistische Praxis durch die Revisionismus-Theorie Eduard Bernsteins Bestätigung.[336] Bernstein hatte in seinem Buch „Die Voraussetzungen des Sozialismus und die Aufgaben der Sozialdemokratie" kritische Thesen zum Marxismus aufgestellt. Er zweifelte am baldigen Zusammenbruch der bürgerlichen Gesellschaft und plädierte für eine Änderung der bisherigen Taktik. Sein Konzept hatte zum Ziel, die marxistisch-revolutionäre SPD in eine „demokratisch-sozialistische Reformpartei" umzuwandeln.[337] Steinbach widmete der Theoriedebatte nur wenig Aufmerksamkeit, bezog aber einige Male für Bernstein Stellung. Das Prinzip der evolutionären Machtübernahme durch das Proletariat entsprach ihrem Streben nach Verbesserung der materiellen Situation der Arbeiterklasse, ohne allerdings die revolutionären Ziele der Partei zunächst in Frage zu stellen.

Steinbach befürwortete die Thesen Bernsteins, weil dieser den Genossenschaften eine wichtige Rolle zumaß. Sie befand, bei der praktischen Politik, wie Bernstein sie propagiere, müsse die Sozialdemokratie noch einiges tun.[338] Sie selbst habe schon lange so gehandelt. „Weite Kreise sind auf den praktischen Weg gewiesen, und seit ich bewußt den Weg der Sozialdemokratie gehe, ist mir auch die Bewegung alles u[nd] darum bin ich überall

---

334 *Leipziger Volkszeitung Nr. 142, 26.7.1918.*

335 *Zur Redaktion gehörten u. a. Clara Zetkin und Rosa Luxemburg. Vgl. Evans: Frauenemanzipation, S. 288.*

336 *V 334a, Bd. 12, 15.11.1898.*

337 *Lehnert, S. 93ff.*

338 V 334a, Bd. 12, 15.11.1898.

an dem Gewerkschafts- u[nd] Genossenschaftswesen beteiligt."[339] Steinbach und von Elm hielten auch nach dem formalen Ende des Revisionismusstreits auf dem Parteitag 1903 an den Thesen Bernsteins fest und setzten ihre reformistische Praxis fort.[340]

Die Vorrangstellung, die Steinbach den Gewerkschaften und später den Genossenschaften zumaß, um eine sozialistische Gesellschaftsordnung zu verwirklichen, stand im Widerspruch zur Parteiideologie.[341] Das hinderte Steinbach nicht daran, die wirtschaftlichen Organisationen vor die Partei zu platzieren, eine Haltung, die um die Jahrhundertwende in der Hamburger SPD nicht unwidersprochen blieb. Um ihre Argumentation zu rechtfertigen, führte sie Karl Marx als Zeugen an. Sie sagte, dass sie seit 25 Jahren keine Gelegenheit versäumt habe, „die Massen aufzustacheln, neben der Erringung der ‚politischen Macht' mit aller Kraft den Ausbau der Gewerkschaften zu fördern, nach dem gewaltigen Zeugnis, das uns unser Altmeister Karl Marx in den englischen Klassenkämpfern und ihren Organisationen ausgestellt hat in seinem unsterblichen Buche ‚Kapital und Arbeit'".[342]

Wie unsicher sie sich auf dem Boden der Theorie bewegte, belegt ein Diskussionsbeitrag Steinbachs in einer großen öffentlichen Versammlung.

Nachdem der Berliner Genosse Georg Ledebour[343] einen Vortrag über „Sozialdemokratie und Handelspolitik" gehalten hatte, nutzte Steinbach die Gelegenheit, für die Konsumgenossenschaft „Produktion" zu agitieren.

Schlussrufe aus dem Publikum, das ihre Werbung für die „Pro" offensichtlich bereits kannte, hielten sie nicht davon ab, eine Verbindung von Ledebours Vortrag über Handelspolitik zur „Handelspolitik im Kleinen", den Produktionsgenossenschaften, zu ziehen. Sie erwähnte in ihrer Rede zwar auch kurz die politische und die gewerkschaftliche Bewegung, aber in der Hauptsache agitierte sie für die „Produktion". Im Widerspruch zur marxistischen Theorie schloss sie: „Wenn Sie alle Mitglied werden möchten,

---

339 S 2009 „Auszüge", 21.5.1899. In dieser öffentlichen Versammlung des National-Socialen Vereins nannte sie als einen besonders positiven Aspekt des Bernsteinschen Buches, „daß es auch da gelesen wird, wo ich und Bebel nicht hinkommen". Es folgte noch ein ausgesprochener Seitenhieb gegen Rosa Luxemburg, die sich für die revolutionäre Aktion stark machte. Zur Gegnerschaft gegenüber Luxemburg, vgl. auch S 2009 „Auszüge", 21.4.1899.

340 Vgl. Kapitel 3.5. Von Elm bekannte sich schon 1899 und auch nach 1903 offen als Revisionist. Vgl. Ullrich, S. 94ff. Zu der schwierigen Differenzierung zwischen „Reformisten" und „Revisionisten" vgl. Kapitel 5.6.1. Ich benutze im Folgenden den Begriff „Reformistin" für Helma Steinbach, um ihre an realpolitischen Fragen orientierte Praxis zu bezeichnen. Die Benutzung des Begriffs „Revisionismus" begrenze ich auf den Zusammenhang der Bernstein-Debatte. Steinbach als „Revisionistin" zu bezeichnen ist problematisch, weil sie nur begrenztes Interesse an der Theoriedebatte gezeigt hat.

341 Auf dem Parteitag 1899 war die „revisionistische Überschätzung des Genossenschaftswesen" auf Druck Bebels klar verurteilt worden. Fricke, S. 1050.

342 HE Nr. 267, 14.11.1903.

343 Ledebour galt als ein brillanter Parlamentsredner und gehörte dem linken Flügel der SPD an. Vgl. Abendroth, S. 38.

dann wäre dies der richtige Weg zur Expropriation der Expropriateure."[344] Ledebour antwortete sofort, dass Steinbach mit ihrer Argumentation die ganze politische Taktik auf den Kopf stelle. (Ruf aus dem Publikum: „Das tut sie immer.") Daraufhin behauptete sie, der Satz habe sich nicht nur auf die Genossenschaften, sondern auf alle drei Waffen im Klassenkampf bezogen. In einer mehrtägigen Auseinandersetzung im „Hamburger Echo" stritten Steinbach, der Versammlungsvorsitzende Hermann, Robert Krassuski und Emilie Dittmer darüber, ob Steinbach gesagt hatte, nur der Ausbau der „Produktion" garantiere die „Expropriation der Expropriateure" oder ob der Satz sich auf ihre gesamten Ausführungen bezogen hatte.[345] Den Beweis dafür konnte sie in ihren sehr langen Leserbriefen nicht erbringen. Es entstand stattdessen der Eindruck, sie habe ihre „tiefstinnere Meinung ausgeplaudert"[346] und ihre Aussage korrigiert, als sie bemerkte, dass sie sich damit von der Parteilinie entfernt hatte. Da half es auch nicht, dass sie zu ihrer Verteidigung die sozialistischen Theoretiker heranzog: „Ich sehe in all meiner Nichtsnutzigkeit unsere großen Toten, Marx, Engels, Liebknecht usw. mir freundlich zunicken und dann ernst und energisch die Hand erheben: ‚Vorwärts auf Deiner Bahn!'"[347]

In einem Vortrag über „Marx Kapital" sagte sie: „Dem Kapital läßt sich nicht mit politischen Phrasen beikommen, ... sondern dem Kapital läßt sich nur mit der ökonomischen Macht beikommen."[348] Steinbach befand sich damit im Gegensatz zum Erfurter Parteiprogramm, das der politischen Bewegung vor der wirtschaftlichen eindeutig den Vorrang gab.[349] Das revolutionäre Prinzip hatte Steinbach bereits vorher aufgegeben.[350]

Mit dem Erstarken des reformistischen Flügels in der Hamburger Arbeiterbewegung konnte Helma Steinbach dann allerdings unwidersprochen dem „wirtschaftlichen Kampfe" größere Bedeutung als der Übernahme der politischen Macht einräumen und sich gleichzeitig auf die materialistische Geschichtsauffassung berufen.[351] Ihre fast theoriefeindliche Einstel-

---

344 V 334a, Bd. 18, 4.11.1903, HE Nr. 261, 7.11.1903. Schon drei Jahre vorher hatte sie behauptet, wenn jeder Arbeiter gewerkschaftlich und genossenschaftlich organisiert sei, dann wäre der Zukunftsstaat da. Vgl. Deutsches Blatt Nr. 42, 26.5.1900.

345 HE Nr. 263, 10.11., Nr. 265, 12.11., Nr. 267, 14.11., Nr. 269, 17.11.1903.

346 HE Nr. 265, 12.11.1903.

347 Ebd.. Tatsächlich spielen die Genossenschaften in den Werken von Marx und Engels nur eine untergeordnete Rolle.

348 S 13870, 21.8.1906. Meine Hervorhebung. Darüber hinaus vereinfachte sie erheblich: „Je mehr jetzt ein Kapitalist Arbeiter beschäftigt, desto rascher wächst sein Kapital." Ein Kapitalist sei, wer zu Maschinen Arbeitskraft kaufe und an denen 100 Prozent und mehr verdiene. Im Jahresbericht der SPD-Landesorganisation 1907/08, S. 5, wurde geklagt, dass die Genossen fast nur noch die Tagespresse lesen und kaum noch die theoretischen Schriften.

349 PTP 1891.

350 In einem Vortrag über „Unsere Waffen im proletarischen Klassenkampf" sagte Steinbach, dass die Gesetzgebung „auf friedlichem, nicht blutigem" Weg geändert werden müsse. Die Sozialisten wollten nicht „niederreißen", sondern: „Wir wollen beweisen, daß unser Zukunftsstaat der Richtige ist." S 7290, Bd. 1, 25.8.1905.

351 HE Nr. 47, 24.2.1907, V 334a, Bd. 23, 23.2.1907.

lung kam auch dadurch zum Ausdruck, dass sie über den zweiten Teil des Erfurter Programms mit seinen Forderungen nach sozialen Reformen referierte. Auf den ersten Teil des Programms, die theoretische Einleitung, ging sie dagegen nicht ein.[352]

5.5. Steinbachs Verhältnis zu Religion und Kirche

Der Glaube an den sozialistischen „Zukunftsstaat" ersetzte für Helma Steinbach die Religion. Entscheidend durch ihre negativen Erfahrungen mit der Kirche bei ihrer Scheidung geprägt,[353] wurde sie zu einer erklärten Gegnerin von Religion und Kirche.

Obwohl der Parteitag 1890 erklärt hatte, dass Religion Privatsache sei, meinte Steinbach, dass mit der politischen Aufklärung besonders der Frauen die Religion bald verschwinden würde. Im Übrigen sei bei überzeugten Sozialisten die Religion eben nicht Privatsache, sondern eine „lächerliche Nebensache".[354]

Als sie in einer Versammlung über den Parteitag 1891 berichtete, nannte sie als eines der Ziele der Sozialdemokratie die Abschaffung der Religion in einem Atemzug mit den Forderungen nach besseren Lohnbedingungen, kürzerer Arbeitszeit und Abschaffung der kapitalistischen Regierung. Auf Nachfrage aus dem Publikum zur Abschaffung der Religion erklärte sie allerdings, wegen „zu später Abendstunde" keine Auskunft mehr geben zu können.[355] Der Kampf Steinbachs gegen die Religion auch bei Agitationsveranstaltungen für die SPD wurde von den Hamburger Genossen toleriert. In Hamburg, das im Kaiserreich als die „unkirchlichste Stadt des Deutschen Reiches" galt, hielten viele Sozialdemokraten das Christentum für ein mittelalterliches Relikt. Eine antireligiöse Haltung war in der Arbeiterschaft weit verbreitet.[356]

Auf Widerstand stieß die antikirchliche Agitation Steinbachs erst, als sie in den ländlichen Gebieten Schleswig-Holsteins für die sozialistische Arbeiterbewegung warb und auch dort keinen Zweifel an ihrer Haltung ließ. Auf dem Lande schadete eine offen religionsfeindliche Agitation der Partei.

---

352 V 334a, Bd. 24, 20.11.1907.

353 Vgl. Kapitel 2.2.

354 *V 334a, Bd. 1, 22.4.1891. Dies sagte sie in einer öffentlichen Volksversammlung mit 6.000 Zuhörern.*

355 *V 334a, Bd. 2, 5.11.1891. Das „Hamburger Fremdenblatt" berichtete, dass sie in einer öffentlichen Volksversammlung in Oldesloe „rückhaltlos" bekannt habe, „daß ein wahrer Sozialdemokrat an nichts glaube". Außerdem sprach sie sich gegen kirchliche Eheschließungen aus. HF Nr. 38, 15.2.1892.*

356 *Evans. Kneipengespräche, S. 167ff.*

Kritik an ihrer Agitation wurde 1897 auf dem Parteitag in Hamburg laut. Der Hamburger Genosse Weinheber behauptete, Steinbach habe durch ihre Angriffe auf die Religion in den Landkreisen mehr geschadet als genützt. Die ländlichen Delegierten hätten auf der Provinzial-Konferenz einstimmig erklärt, Steinbach solle nicht mehr nach Schleswig-Holstein kommen.[357] Steinbach wies die Vorwürfe zurück, sie habe immer nur gesagt: „Die Religion ist ein mit der Muttermilch eingesogenes heiliges Gefühl; dies Gefühl denjenigen zu nehmen, denen wir noch keine neue Religion geben können, empfinden wir als eine Rohheit. Wir sind eine wirthschaftliche und politische Kampfpartei, und deshalb erklären wir die Religion als Privatsache. Die Leute, die mich kennen, wissen sehr wohl, daß ich nicht so dumm bin, etwas Prinzipienwidriges zu sagen!"[358]

Die kirchenfeindliche Haltung brachte ihr ein Jahr später weitere Schwierigkeiten ein. Die Staatsanwaltschaft Essen - im Ruhrgebiet hatten die Sozialisten besondere Agitationsschwierigkeiten wegen des starken Einflusses der katholischen Kirche -[359] erhob Anklage gegen Steinbach wegen „Verächtlichmachung von Einrichtungen der christlichen Kirche" und Majestätsbeleidigung. Steinbach hatte in einer sozialdemokratischen Volksversammlung gesagt: „Ein anderer Hauptfaktor, das Volk dumm zu halten, ist in der Religion zu suchen. Man ist sich wohl bewußt, daß wenn diese der Masse des Volkes erst als Humbug bekannt geworden ist, die Stützen des Thrones auch allmählich zu wackeln beginnen ... Man baut zur Zeit in Berlin wieder etliche dieser schönen Häuser, zu welchen nur noch die Dompfaffen fehlen, allerdings sind die Lieder, wenn diese Vögel pfeifen, nur etwas zu kostspielig, ja, wenn man sie mit rothen Adlerorden IV. Classe füttern könnte!"[360] Im Gegensatz zu anderen Agitatorinnen hatte Helma Steinbach Glück: Das Landgericht Essen lehnte die Eröffnung eines Hauptverfahrens ab.[361]

Dennoch sprach sie daraufhin unverfänglicher über dieses Thema. In einem Vortrag über Sozialismus und Religion im Distrikt Rothenburgsort erklärte sie: „Ich habe von jeher bedauert, daß in unserem Programm noch kein Ersatz für Religion geschaffen werden konnte." Die „neue Religion"

---

357 PTP 1897, S. 140 und S. 145.

358 Ebd., S.147. In einer öffentlichen Versammlung des III. Wahlkreises wiederholte Weinheber seine Darstellung, aber auch Steinbach blieb bei ihrer Version. Sie machte Weinheber sogar einen Vorwurf daraus, aus der Kirche ausgetreten zu sein, soweit habe sie es noch nicht gebracht. Vgl. HF Nr. 250, 24.10.1897. Auch in Kneipengesprächen wurde die Agitation Steinbachs auf dem Lande zum Thema. Das Verhalten Steinbachs wurde von einem Arbeiter als „großer Fehler" bezeichnet, weil so manche Stimme dadurch verloren gegangen sei. Vgl. S 2009. Vigilanzbericht Schutzmann Erxleben, 7.3.1898.

359 Niggemann, S. 97ff, zum Einfluss der Kirche und den Schwierigkeiten der sozialistischen Agitatorinnen mit der Justiz.

360 S 2009, 9.11.1898. Abschrift des Schreibens der Staatsanwaltschaft Essen.

361 HF Nr. 19, 23.1.1899, HE Nr. 19, 22.1.1899. 1891/92 wurde die sozialdemokratische Rednerin Agnes Wabnitz wegen Majestätsbeleidigung und Verunglimpfung der Religion zu einer zehnmonatigen Haftstrafe verurteilt. Vgl. Niggemann, S. 100.

werde die Arbeiterschaft „vom Druck des Kapitals erlösen. Wir werden uns dann selbst veredeln und Gott einen guten Mann sein lassen". Der Glaube Steinbachs an den Zukunftsstaat hatte also fast religiösen Charakter.

5.6. Reformistische Positionen - Der Akkordmaurerstreit

Die erste Debatte innerhalb der SPD, in der Teile des Parteiprogramms grundsätzlich in Frage gestellt wurden, später als der Beginn der Revisionismusdebatte[362] bezeichnet, fand während des Parteitags 1895 statt, als die umstrittenen Vorschläge der Agrarkommission zum Parteiprogramm diskutiert wurden. Nach der Definition Lehmanns[363] war der Reformismus die politische Richtung in der Partei, „die den ‚Sozialismus' auf dem Boden des bestehenden Staates durch Reformen verwirklichen wollte, sich somit in latentem Widerspruch zur herrschenden Parteiideologie befand. Die Reformisten bemühten sich, praktisch-politische Gegenwartsaufgaben erfolgversprechend zu verwirklichen, ohne die parteiamtlichen Lehren, die sie in der Regel nicht bestritten, anzuwenden oder zu befolgen. Eine Dogmenkritik blieb ihnen fremd". Diese Definition trifft in hohem Maße auf Helma Steinbach zu, wie sich anhand ihrer Argumentation und ihrer Haltung im Akkordmaurerstreit zeigt, die ihr primäres Interesse an tagespolitischen Fragen belegen.

Der Streit um die Akkordmaurer, der die Hamburger Sozialdemokraten über mehrere Monate beschäftigte, nahm im Januar 1901 seinen Anfang. Der Unternehmerverband des Baugewerbes hatte mit dem „Zentralverband der Maurer-Ortsgruppe Hamburg" einen Tarifvertrag abgeschlossen, der Akkordarbeit ausdrücklich ausschloss. Einige Maurer, die sich in der „Freien Vereinigung" zusammenschlossen, arbeiteten weiter im Akkord. Daraufhin verhängte der Zentralverband eine Sperre über die entsprechenden Baustellen. Unter den von der Sperre betroffenen Maurern waren auch etwa fünfzig Sozialdemokraten. Nach mehreren Debatten entschied die kombinierte Mitgliederversammlung der drei Hamburger Wahlkreise am 18. Juni 1901, beim Parteivorstand den Ausschluss der vom Zentralverband der Maurer als „Streikbrecher" bezeichneten Personen zu beantragen.

---

362 *Lehmann: Die Agrarfrage in der Theorie und Praxis der deutschen und internationalen Sozialdemokratie. Vom Marxismus zum Revisionismus und Bolschewismus, Tübingen 1970, S. 272, unterscheidet zwischen Revisionisten und Reformisten, eine Unterscheidung, die seinen Angaben nach in der Forschung meist nicht gemacht wird. Vgl. S. 266, Anm. 3 zum Entstehungszeitpunkt des Revisionismus. Für ihn ist es die Agrardebatte, nicht erst die Bernstein-Debatte auf dem Parteitag 1899.*

363 *Ebd., S. 272.*

Das Schiedsgericht unter Vorsitz von Ignaz Auer kam am 15. Juli zu dem Urteil, dass Streikbruch zwar eine ehrlose Handlung sei, aber die Akkordarbeiter keinen Streik- oder Sperrbruch verübt hätten. Die Parteivereine erkannten die Entscheidung aber nicht an, so dass sich schließlich der vom 22.-28. September 1901 in Lübeck tagende Parteitag damit beschäftigen musste.[364]

Die Rede Auers, der die Entscheidung verteidigte, enthielt diverse persönliche Angriffe gegen Steinbach.[365] Sie ging nur in einer kurzen Bemerkung darauf ein, gab aber ein eindeutiges Votum gegen die Entscheidung des Schiedsgerichts ab. Steinbach unterstützte die Resolutionen, die eine Ablehnung bzw. Aufhebung des Schiedsspruches durch den Parteitag forderten und die Frage des Parteiausschlusses wegen Streikbruchs der örtlichen Parteiorganisation überlassen wollten. In diesem Fall sollte die Rückverweisung an die Hamburger Parteivereine erfolgen.[366] Steinbach setzte sich außerdem für die Resolution 85 ein. Diese Resolution, die Steinbach vor dem Parteitag begründete, ging weiter als die anderen Resolutionen. Sie verlangte von den Delegierten nicht nur, sich gegen die Beschlüsse von Schiedsgericht und Kartellkommission auszusprechen, sondern forderte den Parteitag außerdem auf, „im Interesse der gedeihlichen Weiterentwicklung der Partei-Organisation in Hamburg den in mehreren Versammlungen angenommenen Ausschlussantrag zu bestätigen".[367]

Steinbach argumentierte, dass es eben nicht um den Ausschluss von Akkordarbeitern gehe, sondern um den Ausschluss von Streikbrechern.[368] Sie wollte die Akkordmaurer aus der SPD ausschließen, weil diese mit ihrer „demagogischen Hetze" gegen den Verband die Arbeiterorganisation schwächten. Es gehe aber nicht nur um einen einzelnen Streikbruch, sondern um einen „Organisationsbruch".[369] Steinbach sah durch die Spaltung in zwei Maurerverbände die Solidarität und Einheit der Arbeiterorganisationen in Frage gestellt.

Die Resolution 85 wurde vom Parteitag gegen wenige Stimmen abgelehnt.[370] Die Delegierten verurteilten aber den Streikbruch und erkannten die Notwendigkeit seiner Bekämpfung an, wandten sich allerdings dagegen, in jedem Streikfalle zuständig zu sein. Die Akkordmaurerfrage wurde nach Hamburg zurückverwiesen. Den Streit beendete diese Entscheidung

---

364 *Schult, S. 120ff.*

365 *PTP 1901, S. 111 und S. 222ff.*

366 *Ebd., S. 101f.*

367 *Ebd., S. 94*

368 *Ebd., S. 113. Steinbach wusste wie Legien und Bömelburg, dass der Parteitag keine Entscheidung gegen die Akkordarbeit fällen konnte. Sie selbst lehnte Akkordarbeit unbedingt ab. Vgl. S 2009, „Auszug", 10.12.1895.*

369 *PTP 1901, S. 235f.*

370 *Ebd., S. 258.*

allerdings nicht.[371] Zum Ende des Parteitages erschien im Hamburger Fremdenblatt ein Spottgedicht der Akkordmaurer, in dem besonders Helma Steinbach wegen ihrer kompromisslosen Haltung angegriffen wurde.[372]

„...Es tagte schon das Fehmgericht:
Legien gönnt uns die Freiheit nicht,
Erregt ist die Partei.
Sie rücken an mit sieben Mann,
Frau Helma Steinbach geht voran,
Sie hat die größten Stiebeln an,
Juchhei, juchhei, juchhei!

o Helma edle Zukunftsfrau,
Nimm es mit uns nicht so genau,
Was soll die Drängelei?
Wir fügen fleißig Stein auf Stein,
Und mischen nirgends uns hinein,
Lieb' Helma, Du magst ruhig sein,
Juchhei, juchhei, juchhei!

Und fliegen wir auch bald hinaus,
Wir halten's auch noch draußen aus,
Es ist uns einerlei.
Winkt auch von Fern der Zukunftsstaat,
Gewiß ist das nur, was man hat,
Da braucht man keinen Weiberrath.
Juchhei, juchhei, juchhei!"

In der Bernstein-Debatte zeigte sich die reformistische Einstellung Steinbachs nur indirekt durch ihr Abstimmungsverhalten. Auf dem Parteitag 1901 stimmte sie für die Resolution, die eine gemäßigte Haltung gegenüber Bernstein einnahm und von einigen Genossen sogar als ein „Vertrauensvotum" für Bernstein verstanden wurde.[373]

---

371 *Ebd., S. 259. Schult, S. 123f.*

372 *HF Nr. 283, 27.10.1901.*

373 *PTP 1901, S. 98f. Die unter anderem von von Elm unterstützte Resolution betonte, dass der Parteitag „die Freiheit wissenschaftlicher Selbstkritik für eine Voraussetzung der geistigen Weiterentwicklung der Partei" hielt, aber von den 1899 in Hannover beschlossenen Grundsätzen nicht abweichen wolle. Der Antrag wurde abgelehnt, stattdessen wurde die Resolution Bebel, die eine kritische Haltung gegenüber Bernstein einnahm, angenommen. Vgl. S. 186f.*

5.7. Befürworterin der Burgfriedens- und Durchhaltepolitik während des Ersten Weltkrieges

Seit Mitte der neunziger Jahre war Helma Steinbach Mitglied der Internationalen Friedensgesellschaft, Ortsgruppe Hamburg-Altona. Die Mitglieder des Vereins gehörten nach Angaben der Politischen Polizei zum großen Teil dem „mittleren Bürgertum" an, allerdings ohne dabei eine „gesellschaftliche Stellung" zu bekleiden.[374]
Steinbach nahm an dem 1897 in Hamburg stattfindenden Internationalen Friedenskongress teil, bei dem unter anderen auch die österreichische Pazifistin Bertha von Suttner auftrat.[375] Steinbach rezitierte mehrfach aus Suttners 1889 erschienenem pazifistischem Roman „Die Waffen nieder!". Sich über die parteipolitischen Grenzen hinwegsetzend, forderte sie die Sozialdemokraten auf, der Friedensgesellschaft beizutreten.[376] Allerdings schätzte sie den Einfluss der Friedensgesellschaft als gering ein.[377]
Ihre antimilitaristische Einstellung brachte ihr eine Anzeige wegen Verstoßes gegen Paragraph 110 des Strafgesetzbuches ein. Nach diesem Gesetz wurde bestraft, „wer öffentlich vor einer Menschenmenge zum Ungehorsam gegen Gesetz oder rechtsgültige Verordnungen auffordert"[378] Während einer festlichen Veranstaltung des Freidenker-Jugendbundes hatte Steinbach die jungen Männer aufgefordert: „Schwören sie nicht", wenn sie beim Militär den Fahneneid leisten sollen. Die dreimal wiederholte Aufforderung begründete sie damit, dass die Männer ihrem Prinzip der Freigeistigkeit nicht untreu werden dürften. Sie sagte, niemand könne sie zwingen, etwas zu schwören, was sie nicht glaubten. Der Staatsanwalt forderte 60 Mark Strafe oder sechs Tage Gefängnis. Steinbach wurde von der Anklage freigesprochen, weil es sich nicht um eine öffentliche Versammlung gehandelt hatte und das Gericht auch keine Aufforderung zum Ungehorsam entdecken konnte.[379] Allerdings wies die Hamburger Politische Polizei mehrfach die Behörden anderer Städte auf diesen Vorfall hin, um die staatsfeindliche Gesinnung Steinbachs zu dokumentieren.[380]

---

374 *S 4930/2, 2.4.1900, Bericht für Senator Lappenberg. Auch Adolph von Elm war Mitglied der Friedensgesellschaft.*

375 *S 4930/1, Teilnehmerliste. Den weitaus größten Teil der Teilnehmer des Kongresses bildeten Akademiker und Adlige.*

376 *Freie Presse, Nr. 860, 15.11.1895.*

377 *General-Anzeiger Nr. 119, 21.5.1911*

378 *HE Nr. 271, 20.11.1894.*

379 *S 2009, 27.3.94, Bericht des überwachenden Beamten und Abschrift der Anklageschrift. Zum Urteil, vgl. HE Nr. 271, 20.11.1894*

380 *S 2009, 20.2.1896 Bericht an die Polizeibehörde Dresden-Altstadt. 13.5.1897 Bericht an die Polizeibehörde in Landau.*

Nr. 178.   Dienstag, den 28. Juli 1914.   28. Jahrgang.

Hamburger Echo.

Zum Proteſt gegen die Kriegshetze

verſammelt Euch, Männer und Frauen des arbeitenden Volkes, die Ihr Abwehr der Kriegsgefahr und Erhaltung des Friedens wünſcht, am heutigen Dienstag abend in den

neunzehn Volksverſammlungen,

die für Hamburg, Altona, Ottenſen und Wandsbeck von der ſozialdemokratiſchen Parteileitung anberaumt ſind. Erhebt Eure Stimmen gegen das unſinnige Geſchrei, das ſich patriotiſche Begeiſterung nennt. Bringt durch Euer Maſſenaufgebot zum Ausdruck, daß die Völker den Krieg, der nur einem verbrecheriſchen Wahn dient, verabſcheuen. Bewährt Euch als Hort des Weltfriedens! Die Gefahr des Weltkrieges iſt greifbar nahe. Nur die vereinigte Macht aller Friedensfreunde vermag ſie abzuwenden. Seid alle auf dem Poſten, Geſinnungsgenoſſen!

Hamburger Echo gegen den Krieg

Als in den Jahren 1911/12 die nationalistischen Wellen immer höher schwappten und ein europäischer Krieg fast unvermeidbar erschien,[381] bemühte Steinbach sich, in Vorträgen ein Gegengewicht zum nationalistischen Taumel zu schaffen. Sie sah es als besondere Aufgabe der Frauen an, ihre Söhne in pazifistischer Gesinnung zu erziehen. Ihre Zuhörerinnen forderte sie auf, ihren Kindern zu Weihnachten keinen Soldatenanzug, Helm und Säbel zu kaufen. „Laßt bloß diesen Unsinn, euren Kindern solchen Affen-Anzug anzuziehen". Dies übe einen schlechten Einfluss aus.[382]

Während des Balkankrieges veröffentlichte sie im November 1912 einen warnenden Artikel im „Hamburger Echo" und im bürgerlich-konservativen „General-Anzeiger" über „Die Schrecken des ‚modernen' Krieges".[383] Sie beschrieb die Gräuel der Schlachtfelder und sprach die Hoffnung aus, dass dies nun der letzte Krieg gewesen sei. Politische Zusammenhänge erwähnte sie nicht. Stattdessen schloss sie mit der allgemeinen Aufforderung: „An der Verwirklichung des Weltfriedens mitzuarbeiten, ist Pflicht eines jeden Menschen, er mag parteipolitisch denken, wie er will."

---

381 Zum Anwachsen nationalistischer Strömungen und der Kriegsgefahr im Sommer 1911, vgl. W. Mommsen: Das Zeitalter des Imperialismus, Frankfurt 1969, S. 228ff.

382 S 8897, Bd. 3, 26.1.1911.

383 HE Nr. 269, 16.11.1912, General-Anzeiger Nr. 271, 17.11.1912.

Noch wenige Tage vor Beginn des Ersten Weltkrieges fand sich die Hamburger Arbeiterschaft zu Massenprotesten gegen den drohenden Krieg zusammen. Aber in Folge der Zusammenarbeit von Regierung und SPD-Führung fügte sich das „Hamburger Echo" der Aufforderung, sich in der Antikriegspropaganda zu mäßigen, und übernahm stattdessen die von der Regierung propagierten Feindbilder.[384] Auch Teile der sozialdemokratischen Hamburger Arbeiterschaft wurden von der allgemeinen Kriegsbegeisterung mitgerissen.[385]

Die Pazifistin Helma Steinbach erlag dem chauvinistischen Taumel der ersten Augusttage 1914 nicht. In einer Versammlung der Friedensgesellschaft Ende September 1914 zum Thema „Der gegenwärtige Krieg und die Friedensbewegung" wandte sie sich erneut gegen die militaristische Jugenderziehung und sagte, wenn die Volksschullehrer könnten, wie sie wollten, würden sie die Kinder anders erziehen. Zwei Frauen, die einen „patriotischen" Vortrag erwartet hatten, behaupteten gegenüber der Polizeibehörde, dass Steinbach „in hämischer, das vaterländische Gefühl verletzende Weise vom Kaiser, Friedrich von Golz und anderen Heerführern" gesprochen habe. Allerdings vermitteln die fast identischen Zeugenaussagen den Eindruck, als seien den Frauen, von denen eine nach eigenen Angaben wegen Steinbachs Ausführungen einen „Ohnmachtsanfall" erlitten hatte, die Worte in den Mund gelegt worden. Der Vorsitzende der Friedensgesellschaft, Bloh, bestritt, dass Steinbach beleidigende Äußerungen getan habe. Ihm sei allerdings aufgefallen, dass der Beitrag Steinbachs den Versammelten missfiel.[386]

Obwohl die 66jährige Helma Steinbach den Krieg verurteilte, sprach sie sich nicht gegen die Burgfriedenspolitik der Parteiführung und der Gewerkschaften aus. Dem Konflikt zwischen dieser Politik und ihrer persönlichen Überzeugung wich Steinbach aus, indem sie sich in den ersten beiden Kriegsjahren fast völlig aus der politischen und gewerkschaftlichen Bewegung zurückzog.

Allerdings setzte sie sich für die von der „Hamburgischen Kriegshilfe" eingerichteten „Kriegsküchen" ein, in denen auch viele Genossinnen arbeiteten.[387] In einer Mitgliederversammlung des Distrikts Eimsbüttel sagte sie, dass sie die Kriegsküchen stützen wolle, weil es sich hier „nicht um Wohl-

---

384 *Zitiert nach Ullrich, S. 145.*

385 *S 4930/2, Bericht des überwachenden Beamten Kretschmer, 5.10.1914 mit Zeugenaussagen und einem denunzierenden Brief von Hans Boysen.*

386 *Ebd.*

387 *Hagemann: Frauenalltag, S. 523f. Die Empfehlung des SPD-Vorstands zur Mitarbeit im von bürgerlichen Frauen geleiteten „Nationalen Frauendienst", in Hamburg der „Kriegshilfe", wurde vor allem von Revisionistinnen befürwortet, die die soziale Arbeit als ein „Opfer" für das Vaterland ansahen und sich dafür das Zugeständnis politischer Rechte erhofften.*

tätigkeit, sondern um die eiserne Notwendigkeit, die Kraft des Volkes lebendig zu erhalten, handelt".[388] Im Interesse der Arbeiterfrauen, die unter der kriegsbedingten Versorgungslage besonders litten,[389] versuchte Steinbach, mit der Situation pragmatisch umzugehen und stellte ihre ideologischen Bedenken zurück.

Trotz wachsender Antikriegsstimmung blieb Steinbach, wie die große Mehrheit der Sozialdemokratinnen, nach der Parteispaltung 1917 in der Mehrheits-SPD.[390] Sie stellte sich hinter die Parteiführung und verurteilte die Kritiker der Burgfriedenspolitik scharf. „Ich bin erstaunt über die geringe Zahl der Ausgeschlossenen. Wir können natürlich nicht alle ausschließen, die in Opposition gemacht haben, wenn es manchmal auch recht grob und flegelhaft geschah. Da denke ich manchmal: Herr vergib ihnen, denn sie wissen nicht, was sie tun. (Heiterkeit)" [391]

Im Sommer 1917 war Steinbach also auf der Linie der Parteiführung. Die Spaltung der Partei verurteilte sie vor allem deshalb, weil sie den Erfolg der Arbeiterbewegung immer stark nach ihrem zahlenmäßigen Wachsen beurteilt hatte und durch die Spaltung eine Schwächung befürchtete. Außerdem teilte sie den Optimismus führender Gewerkschafter, im Krieg die angestrebten sozialreformerischen Ziele durchsetzen zu können. Das im Dezember 1916 verabschiedete Hilfsdienstgesetz[392] verschaffte den Gewerkschaften die Anerkennung als Interessenvertreter der Arbeiterschaft. Diese Politik war auch in den Augen von Steinbach ein „großer Erfolg ... unserer Kriegspolitik', der jetzt auf keinen Fall von der Opposition „schmählich untergraben" werden dürfe.[393] Wieder einmal wurden für die Erfordernisse der „praktischen Arbeit" eventuelle grundsätzliche Bedenken von Steinbach zur Seite geschoben. „Wenn ein Genosse befürchtet, daß wir zu weit nach rechts gehen, so muß er bedenken, daß wir unter der Kriegszeit leben." [394] Obwohl Steinbach einsah, dass die Regierung nur aus „Not" mit der Sozialdemokratie zusammenarbeitete, konstatierte sie

388 *HE Nr. 115, 19.5.1915.*

389 *Zur Versorgungslage des Hamburger Proletariats, vgl. Ullrich, S.234ff.*

390 *Hagemann: Frauenalltag, S. 526f.*

391 *HE Nr. 245, 12.11.1917. Zur Politik der Gewerkschaften im Krieg, vgl. Schönhoven: Die deutschen Gewerkschaften, S. 104ff.*

392 *Das am 2. Dezember 1916 verabschiedete Hilfsdienstgesetz diente dem Ziel, weitere Arbeitskräfte zur Ankurbelung der Rüstungsproduktion freizusetzen. Es beinhaltete Arbeitspflicht für jeden männlichen Deutschen vom 17. bis 60. Lebensjahr und weitgehende Aufhebung der Freiheit des Arbeitsvertrags und der Freizügigkeit beim Arbeitsplatzwechsel. Im Gegenzug wurden Arbeiterausschüsse in kriegswichtigen Betrieben obligatorisch, ebenso wie die Einrichtung von paritätisch besetzten Schlichtungsausschüssen. „Die von den Gewerkschaften ersehnte Anerkennung als rechtmäßige Vertreter der Arbeitnehmerschaft fand darin seinen Ausdruck, daß in alle Schieds- und Einigungsämter bis hinauf zum Kriegsamt Vertreter der Gewerkschaften einrückten." Vgl. Michael Schneider: Kleine Geschichte der Gewerkschaften. Ihre Entwicklung in Deutschland von den Anfängen bis heute, Bonn 1969, S. 125.*

393 *HE Nr. 126, 5.6.1917.*

394 *HE Nr. 234, 30.10.1917.*

einen erheblichen Einfluss der Bewegung: „Wir erleben es, daß unsere Grundsätze als maßgebend zur Erreichung des Friedens betrachtet werden. Durch die Annahme der Friedensresolution im Reichstage kann gar nicht großartiger unser Programm vor aller Welt gerechtfertigt werden. Das ist ein sehr gutes Agitationsmittel für uns." [395]

Über dieses Bekenntnis hinaus nahm Steinbach bis zu ihrem Tode im Juli 1918 kaum noch aktiv Anteil an der Parteiarbeit, wenngleich sie noch an einigen Versammlungen teilnahm und sich im Juni 1918 zur Revisorin im III. Wahlkreis wählen ließ. Eine Woche später nahm sie zum letzten Mal an einer Mitgliederversammlung des Distrikts Eimsbüttel teil.[396]

6. „Im übrigen passe ich auf den Verein auf, wie der Teufel auf die arme Seele." Aufbau und Wirken für den Konsum-, Bau- und Sparverein „Produktion"

Zu Helma Steinbachs Wirken in der SPD und den Gewerkschaften kam Ende der neunziger Jahre ihr Einsatz bei Gründung und Aufbau der „Produktion" hinzu. Nachdem die Idee einer Genossenschaftsgründung im kleinen Kreis mit Adolph von Elm und dem Kaufmann Raphael Ernst May beraten worden war und schließlich dem Gewerkschaftskartell vorgetragen wurde, konzentrierte Helma Steinbach sich auf die Agitation für die „Produktion". Die Verbreitung des Genossenschaftsgedankens wurde zum zentralen Agitationsfeld in ihrem Leben. Die Arbeit für die Partei und die Gewerkschaften traten dahinter zurück. Sie bemühte sich vielmehr, von diesen Organisationen Unterstützung für die „Produktion" zu bekommen.

6.1. Die Genossenschaften als dritte Säule der Arbeiterbewegung

Schon vor dem großen Hafenarbeiterstreik 1896/97, als der Gedanke an die Gründung einer Genossenschaft entstanden war, äußerte sich Stein-

---

395 Ebd., V 334a, Bd. 30, 29.10.1917. Allerdings ging die Initiative zur Friedensresolution nicht von der SPD-Fraktion aus, sondern vom Führer der katholischen Zentrumspartei, Erzberger. Vgl. Abendroth, S. 50.
396 HE Nr. 33, 9.6.1918, HE Nr. 139, 16.6.1918.

bach positiv über die Genossenschaften, die ihrer Meinung nach durchaus nutzbringend sein würden, „wenn ihnen von der großen Masse die Sympathie entgegengebracht würde und sie die Unterstützung hätten, welche sie nötig hätten".[397]

So war es nur folgerichtig, dass sie gemeinsam mit von Elm die Gründung einer „großen Verbrauchergemeinde"[398] zur Stärkung der Arbeiterklasse vorantrieb. Nachdem das Gewerkschaftskartell von den Plänen informiert worden war, fand im August 1897 eine erste größere Besprechung statt. Steinbach, die als Vertreterin des Verbandes der Schneider und Schneiderinnen im Gewerkschaftskartell war, wurde in die siebenköpfige Kommission des Kartells gewählt, die den Plan beraten sollte.[399]

Am 30. August 1897 fand die erste Kommissionssitzung statt. Eine Woche später wurden von Elm und May beauftragt, ein Statut auszuarbeiten.[400] Da die Gründung einer Genossenschaft in den Gewerkschaften umstritten war, mussten Befürworter des Plans wie Steinbach in den folgenden Monaten Überzeugungsarbeit leisten, weil ohne die Hilfe des Gewerkschaftskartells das Unternehmen nicht durchführbar war. In einer Versammlung der Gewerkschaftsvorstände im Dezember 1898 rechtfertigte Steinbach gemeinsam mit von Elm das Vorhaben: Die Organisation des Konsums sei etwas anderes als die bisher entstandenen Produktionsgenossenschaften, die zum Teil kläglich gescheitert waren.[401] Sie betonte, in der „Produktion" solle es keine „Dividendenjägerei" geben. Die Erfahrungen aus dem Hafenarbeiterstreik und dem Brotboykott sprächen für die Gründung eines Arbeiterunternehmens, um so der Arbeiterbewegung in ihren Kämpfen einen Rückhalt zu schaffen. Der Einbeziehung der Arbeiterfrauen maß sie eine große Rolle zu, da diese in den Filialen einkaufen sollten. Sie schloss mit der Überzeugung, „daß diese Sache bahnbrechend für die Nachwelt sein wird".[402]

Drei Tage später stimmte die Mehrheit der Delegierten des Gewerkschaftskartells für die Unterstützung des Unternehmens. Am 24. Januar 1899 fand in Schwaffs „Hamburger Ballhaus" die konstituierende Generalversammlung statt, bei der die 52jährige Steinbach als einzige Frau in den neunköpfigen Aufsichtsrat gewählt wurde.[403] Eine weitere Versammlung beschloss am 4. Februar die Eröffnung von fünf Meldestellen zur Aufnahme von Mitgliedern. Steinbach wurde Kassiererin für den Bereich

397 V 334a Bd. 10, 30.7.1896.
398 Mendel/Rieger, S. 15.
399 Ebd., S. 19.
400 Ebd., S. 20.
401 Zum Scheitern früher Genossenschaftsgründungen und der daraus resultierenden Skepsis, vgl. Fricke, S. 1044.
402 S 7290 Bd. 1, 14.12.1898. Zur Kritik aus Gewerkschaftskreisen vgl. Ahrens, S. 105f.
403 S 7290 Bd. 1, 25.1.1899. Mendel/Rieger, S. 34.

Steinbach im Aufsichtsrat der „Produktion"

Eimsbüttel. In dieser Funktion erhielt sie 5 Prozent des Inkassos. Bald hatte Steinbach im Stadtteil Eimsbüttel 76 Mitglieder geworben, nur in den Bereichen Innere Stadt und Altona waren es mehr.[404] Bei der ersten Generalversammlung des Vereins am 5. Mai zählte die „Produktion" bereits 1.580 Mitglieder, davon lebten in Eimsbüttel 330, nur übertroffen von Altona-Ottensen mit 410.[405]

Steinbach nutzte jede Gelegenheit, Mitglieder für die „Pro" zu werben. Sie beschrieb eine ihrer Agitationsmethoden folgendermaßen: „Wenn ich mit der elektrischen Bahn fahre, so rede ich übrigens fortwährend mit dem Schaffner oder dem Publikum und erzähle ihnen ganz genau, wieviel billiger sie bei uns im Gegensatz zum Krämer kaufen, und schon so manches Mitglied habe ich auf diese Weise herangezogen." Von den anderen Genossenschaftsmitgliedern verlangte sie das gleiche Engagement.[406] Außerdem soll sie bei ihr bekannten Arbeiterfrauen den Deckel des Einkaufskorbs gelüftet haben, um zu kontrollieren, ob sie ihre Waren bei der „Produktion" eingekauft hatten.[407]

---

404 *Mendel/Rieger, S. 37 und S. 111.*

405 Ebd., S. 40. Hamburger Correspondent Nr. 212, 6.5.1899.

406 *S 7290 Bd. 1, 1.10.1901. Bei dieser Gelegenheit sagte sie auch: „Im übrigen passe ich auf den Verein auf, wie der Teufel auf die arme Seele." (Vgl. Kapitelüberschrift) Im Sommer des Jahres 1899 besuchte sie die Versammlungen der einzelnen Gewerkschaften, um Werbung für die „Pro" zu machen. Vgl. beispielsweise HE Nr. 148, 28.6.1899 (Erd-, Zimmerer- und Abbruchsarbeiter), HE Nr. 208, 6.9.1899.*

407 *Der Mitarbeiter - Konsumgenossenschaft „Produktion" - Nr. 9, September 1951.*

Die erste Generalversammlung des Vereins bestätigte Steinbach als Aufsichtsratsmitglied. Diesen Posten hatte sie dann ununterbrochen bis zum 30. März 1906 inne und wieder ab dem 28. März 1907 bis zum 31. März 1912. Danach war sie, abgesehen von einer kurzen Unterbrechung, vom 3. Mai 1912 Jahres bis zu ihrem Tode im Aufsichtsrat. Neben Louise Zietz (31.3.1904-31.3.1905) und Berta Nerjes (31.3.1910-30.9.1910) war sie von 1899 bis 1923 das einzige weibliche Mitglied im Aufsichtsrat.[408]

Mit der Mitgliedschaft im Aufsichtsrat hatte Steinbach zum ersten Mal in ihrer politischen Karriere langfristig einen Funktionärsposten übernommen. Sie war zwar zu Beginn der neunziger Jahre Leiterin des Plätterinnen-Vereins gewesen, aber dessen Blütezeit dauerte nur wenige Monate. Im SPD-Vorstand des III. Wahlkreises wurde sie als 2. Vorsitzende nach einem Jahr abgewählt und war erst ab 1908 wieder in den weniger wichtigen Positionen als Revisorin und Beisitzerin im Vorstand.[409]

Mit dem Posten im Aufsichtsrat war kein Gehalt, sondern nur eine Aufwandsentschädigung verbunden. Pro Sitzung gab es 75 Pfennig, bei Revisionen und Inventuren 75 Pfennig pro Stunde und als Diäten zu den Verbandstagen 12 Mark pro Tag. Die Kontrolle der Verkaufsstellen geschah unentgeltlich. Bei Besichtigungen wurde höchstens der Lohnausfall entschädigt.[410]

Ihre Aufgabe, die Qualität der Waren, die Arbeit der Verkäufer und Verkäuferinnen sowie der Lagerhalter zu begutachten, nahm Steinbach sehr ernst. Sie meinte von sich selbst, dass sie „sehr scharfe Kontrolle" übe,[411] und der Genossenschafter Stelzenmeier sagte, ihre gute Kontrolle sei dadurch bewiesen, dass ein Lagerhalter erleichtert war, als sie 1906 bei einer Stichwahl nicht wieder in den Aufsichtsrat gewählt worden war.[412]

Ihre Neuwahl ein Jahr später war, wie schon bei ähnlichen Auseinandersetzungen beispielsweise im SPD-Verein des III. Wahlkreises und der Freien Volksbühne, von vielen persönlichen Angriffen begleitet.

Der Genossenschafter May sprach sich gegen eine Wahl Steinbachs aus, mit der Begründung, dass sie sich nicht eigne. Pflichterfüllung allein genüge nicht. Ganz besonders kritisierte er aber, dass Steinbach seiner Meinung nach „kein Maß" habe und sich wegen jeder Kleinigkeit aufregen würde. „Gegen Leute, die anderer Ansicht als sie sind, wird sie grob. Wer ‚Ehrgefühl' hat, sitzt nicht mehr mit ihr ... sie ist überall gleich unbeliebt."

---

408 Mendel/Rieger, S. 127.

409 Vgl. Kapitel 4.1. u. 5.3.

410 HE Nr. 76, 2.4.1902.

411 S 7290 Bd. 1, 1.10.1901.

412 Ebd., 29.3.1907. HE Nr. 83, 8.4.1906.

Er behauptete, bei einer Wiederwahl Steinbachs würden „noch mehr"
Mitglieder austreten.[413]

Zu Steinbachs Verteidigung äußerten sich von Elm, der den Vorwurf
mangelnden Ehrgefühls zurückwies, sowie Mendel und Stelzenmeier, die
ihr gute Arbeit im Aufsichtsrat attestierten. Obwohl der Auftritt Steinbachs aus dem Publikum mit Rufen wie „alte Vogelscheuche" oder „jetzt
geht's los, da werden wir morgen früh nicht fertig" kommentiert wurde,
meinte sie, dass sie sich gar nicht verteidigen müsse. Nach den Angriffen
Mays würde sie „mit großer Mehrheit" wiedergewählt werden.[414] Tatsächlich gelang es ihr, den Sitz im Aufsichtsrat zurückzuerobern.

Helma Steinbach hatte sehr hohe Erwartungen an die Wirkung der „Pro"
und glaubte, dass sie nicht nur bessere Ware zum günstigeren Preis liefern
würde, sondern dass mit der Genossenschaft entscheidender Druck auf
das kapitalistische System ausgeübt werden könne. Im Kampf gegen die
bestehende Ordnung seien die „Machtmittel unserer Produktion für uns
die einzigsten Hauptkampfmittel". Sie sagte über die „Pro": „Wir haben
etwas aufgebaut, durch das die Arbeiter erlöst werden sollen vom Drachen
des Kapitalismus ..." und weiter, „daß hier ein Mittel gefunden ist, das
Volk auf friedlichem Wege und nicht mit dem Rüstzeug der Barbaren
zum Ziele zu bringen..."[415]

Rückblickend sagte sie: „Als wir seinerzeit die Produktion gründeten und
die erste Verkaufsstelle eröffneten, da habe ich mit großer Begeisterung
erklärt, so, jetzt ist für uns in Hamburg der Weg gebahnt, jetzt kann ich
ruhig sterben, weil ein praktischer Weg gefunden ist - (Lachen)."[416]

Steinbach veröffentlichte im Laufe ihrer Karriere nur eine Handvoll Arti-
kel in sozialdemokratischen Zeitschriften, abgesehen von den zahlreichen
Briefen an das „Hamburger Echo". Ihre Beiträge in den „Sozialistischen
Monatsheften" und der „Neuen Zeit" beschäftigten sich meistens mit der
Genossenschaftsbewegung.[417] Diese Artikel waren keine Beiträge zum
theoretischen Diskurs, sondern Plädoyers für den „praktischen Weg".

---

413 Ebd.

414 Ebd.

415 V 334a Bd. 23, 16.11.1906.

416 V 350 Bd. 6, 31.8.1905. Durch das Gelächter der Versammelten fühlte sich Steinbach sehr verletzt.

417 SMH IV. Jg., S. 483–491: Zur Neutralitätsdebatte: „Nicht: oder sondern: und!". SMH VI. Jg., S. 288–293: „Gefährliche Strömungen in der Genossenschaftsbewegung". Ebd., S. 626–628: „Die Frauen auf dem Stuttgarter Gewerkschaftskongreß". SMH IX. Jg. (1905), S. 584–89: „Bemerkungen über die Genossenschaftsdebatte auf dem Kölner Gewerkschaftskongreß". Es gelang ihr nach Kritik an ihrer Haltung, diesen Artikel noch einmal im „Echo" Nr. 163, 15.7.1905 abdrucken
zu lassen. NZ 21. Jg. (1903), Bd. 2, S. 676–681: „Wir am Aufbau" (Über das Wachsen der Genossenschaften). NZ 28, Jg.
(1910), S. 742–748: "Zur Genossenschaftsfrage".

Die „Sozialistischen Monatshefte" bezogen eindeutig Stellung für den Revisionismus und hatten ihren Rückhalt bei „führenden reformistischen Gewerkschaftern". Revolutionäre Sozialisten lehnten die Zeitschrift ab.[418] Die „Neue Zeit" war die theoretische Zeitschrift der SPD. Sie war „eindeutig das Organ der revolutionären, marxistischen Kräfte in der deutschen Arbeiterbewegung." Nach dem Übergang in Parteieigentum (1901) mehrten sich die Angriffe der Revisionisten, die die „Sozialistischen Monatshefte" stärker in den Vordergrund rücken wollten. Mit dem Übergang Kautskys zu zentristischen Positionen ab ca. 1905/06, begann die „Neue Zeit" theoretisch immer mehr „zu verflachen". Nach 1910 gelang es reformistischen Gewerkschaftern, ihrer Politik auch dort Gehör zu verschaffen.[419]

Abgesehen von der besseren Versorgung der Proletarierfamilien sah Steinbach es als Aufgabe der Genossenschaften an, langfristig möglichst viele Arbeitsplätze durch den Übergang zur Eigenproduktion für gemaßregelte Arbeiter zu schaffen. Sie erwartete, dass es den Unternehmern dann nicht mehr möglich sein würde, durch Aussperrung und Maßregelungen Druck auszuüben.[420] Die Genossenschaftsbewegung galt Steinbach als „organisierter Widerstand"[421] gegen die kapitalistische Wirtschaftsordnung. Diese hohe Bewertung der Genossenschaftsbewegung findet sich auch in ihren Artikeln für die Sozialistischen Monatshefte und die „Neue Zeit" wieder.

Steinbach beschrieb in ihnen nicht nur die Schutzfunktion der Genossenschaften für die Arbeiterklasse, sondern sie betonte darüber hinaus die „moralische" Bedeutung der Bewegung zur Erziehung der Massen.[422] Ganz besonderen Wert legte sie auf die Abschaffung der sogenannten „Dividendenjägerei" durch die „moderne" Genossenschaftsbewegung. Als gelungenes Beispiel führte sie die Hamburger „Produktion" an. Im Übergang zur „Eigenproduktion", möglich gemacht dadurch, dass Überschüsse nicht als Dividende ausgezahlt wurden, sondern zum Aufbau von Produktionsbetrieben verwendet wurden, sah Steinbach eine „unblutige Waffe" gegen das „mörderische Ausbeutungssystem"[423] Sie glaubte, wie viele Genossenschafter - allen voran von Elm - dass mit der genossenschaftlichen Organisation ein Weg gefunden worden sei, das kapitalisti-

---

418 *Fricke, S. 604ff.*
419 *Ebd., S. 561ff.*
420 NZ 21. Jg. (1903), S. 680.
421 HE Nr. 274, 24.11.1903.
422 SMH VI. Jg. (1902), S. 292f.
423 *NZ 21 , Jg.(1903), S. 678.*

sche System allmählich und ohne Revolution zu beseitigen.[424] Mit der Konzentration der Kräfte der Konsumentenorganisation würde den Produzentengenossenschaften eine „Riesenmacht" zuwachsen, und dies sei ein Weg zum Ziel.[425] Sie erklärte: „Angesichts des sich täglich verschärfenden wirtschaftlichen Kampfes aber ist es geradezu eine Lebensfrage für die gesamte Arbeiterbewegung, neue Möglichkeiten zu schaffen, um die Proletarierscharen kampffähig zu erhalten..."[426]

Der Bedeutung entsprechend, die sie der Genossenschaftsbewegung zumaß, verlangte sie im Zusammenhang mit der Genossenschaftsdebatte auf dem Kölner Gewerkschaftskongress 1905 von den Gewerkschaften „strenge Selbstzucht" bei Lohnforderungen und Arbeitszeitverkürzung, um den Aufbau der Eigenproduktion nicht zu gefährden.[427] Sie stellte sich uneingeschränkt hinter von Elm, der auf dem Kongress mit seiner Bemerkung, „die Arbeiter stellen auch manchmal unvernünftige Forderungen" großen Unmut geerntet hatte. Den Delegierten unterstellte sie mangelndes Verständnis für die „praktischen Bedürfnisse" der Genossenschaften, die doch von der privatkapitalistischen Konkurrenz und der Regierung bekämpft würden.[428] Damit stellte sie aber im Konfliktfall die Belange der Genossenschaften über die der Gewerkschaften. Wie auch in den Gewerkschaften war die Genossenschafterin Steinbach Verfechterin unbedingter parteipolitischer Neutralität. Zum einen, um die Genossenschaften vor der Verfolgung durch die Behörden zu schützen und zum zweiten, weil sie eine parteipolitische Zersplitterung befürchtete, die eine Verbesserung der „Productions- und Consumptionsverhältnisse" nur verzögern würde.[429]

Aus Anlass des Internationalen Sozialistenkongresses 1910 in Kopenhagen, der als einen der wichtigsten Tagesordnungspunkte die Genossenschaftsfrage behandelte, veröffentlichte sie einen Artikel in der „Neuen Zeit". Steinbach wiederholte ihre Forderung nach strikter parteipolitischer

---

424 SMH VI. Jg. (1902), S. 293. „Die moderne Genossenschaftsbewegung will die privatcapitalistischen Eigenbolde nicht massacrieren, sie will sie nur überflüssig machen." Diese Haltung teilte sie mit von Elm und anderen. Fricke nennt sie „opportunistische Sozialdemokraten". Vgl. S. 1049ff. Er unterscheidet zwei Strömungen in der Genossenschaftsbewegung: 1. die unter anderem von von Elm vertretene These von der Aushöhlung des kapitalistischen Systems und 2. die kleinbürgerliche Richtung, die ursprünglich den „Genossenschaftssozialismus" propagierte, später immer unverhohlener kleinbürgerliche Positionen vertrat. Ein Vertreter dieser Strömung war Franz Staudinger. Gemeinsam mit Staudinger trat Steinbach 1906 in einer öffentlichen Versammlung in Veddel auf und erklärte sich mit seinen Äußerungen einverstanden. Vgl. V 334a, Bd. 23, 16.11.1906.

425 NZ 21. Jg. (1903), Bd. 2, S. 679.

426 Ebd.

427 SMH IX. Jg. (1905), S.588.

428 Ebd., vgl. auch NZ 28. Jg. (1910), S. 745 und Kapitel 6.4.

429 SMH VI. Jg. (1902), S. 292f. Vgl. auch NZ 28 Jg.(1910), S. 743f.

Neutralität und wehrte sich gegen das Ansinnen, Gewinne aus den Genossenschaften direkt der Partei zufließen zu lassen. Wiederum ermahnte sie die Gewerkschaften zur Selbstbeschränkung. Vor allem aber formulierte sie den Anspruch, dass die Genossenschaften als gleichberechtigt neben der politischen und der gewerkschaftlichen Bewegung zu gelten hätten.[430] Sie schrieb, „daß das Ringen der Genossenschaftsbewegung um ihre Anerkennung als gleichberechtigter Faktor im Emanzipationskampf des Proletariats innerhalb der Arbeiterpartei sich nicht ebenso beschämend lange und erbittert gestalten wird, wie das bei den jahrzehntelangen Kämpfen der Gewerkschaftsbewegung, bis Jena und Mannheim leider der Fall gewesen..."[431]

6.2. „Wichtiger also fast noch als die Aufklärung der Männer ist in diesem Fall die Aufklärung der Frauen"

Nachdem die Beteiligung der Frauen in der SPD und den Gewerkschaften nicht das von Steinbach erwünschte Maß erreicht hatte, erblickte sie in der „Produktion" eine neue Möglichkeit, die Proletarierfrauen in die Arbeiterbewegung zu ziehen. In einem Flugblatt zur Eröffnung der ersten Verkaufsstelle der „Produktion" an die „Frauen! Genossinnen!" schrieb sie: „Nun stehen aber die Männer da und blicken besorgt auf uns Frauen!! Frauen! Mütter! Jetzt laßt uns zeigen, daß wir würdig sind der großen Sache, die die Männer allein ohne uns nie und nimmer zu Stande bringen können!"[432] Die besondere Rolle der Frauen für den Aufbau der „Produktion" begründete sie damit, dass sie in erster Linie die Käuferinnen der Waren seien. Sie appellierte aber auch an die Frauen, „daß sie eingedenk des Umstandes, daß die Männer auf dem Gebiet der Ausbreitung unserer Ideen bisher alle Arbeit allein gethan, jetzt endlich auch ihrerseits sich aufmachen sollten, in einer Sache, deren Vorteile ihnen und ihren Kindern in allererster Reihe zu Gute kommen...."[433]

In demselben Artikel tritt auch die wechselhafte Argumentation beim Thema Gleichberechtigung zutage. In einer Mitgliederversammlung der „Pro" hatte sie behauptet, dass die Männer bisher allein die Arbeiterbewe-

---

430 NZ 28. Jg. (1910), Neutralitätsprinzip, S. 743, Selbstbeschränkung, S. 745, Gleichberechtigungsanspruch, S. 742.

431 Ebd., S. 742. Nach Fricke, S. 1053, formulierte von Elm die These einer „Dreieinigkeit" von Partei, Gewerkschaften und Genossenschaften bereits auf dem Kölner Gewerkschaftskongress 1905.

432 Flugblatt, Verlag Helma Steinbach in Hamburg, in: S 7290 Bd. 1. Verbreitet in der sozialdemokratischen Arbeiterbewegung war die Parole: „Der Mann in die Gewerkschaft, die Ehefrau in die Konsumgenossenschaft! So ergänzen sich beide im Kampfe um die soziale Hebung der Arbeiterklasse." Zit. nach Fricke, S. 1045.

433 HE Nr. 260, 5.11.1899.

gung hochgebracht hätten. Bei anderer Gelegenheit erklärte sie die Männer zu den Schuldigen für das schwache Engagement der Frauen. Im nächsten Moment behauptete sie, dass die Frauen einen schlechten Einfluss auf die gewerkschaftlich organisierten Arbeiter ausübten.[434]

Vor weiblichen Mitgliedern der „Pro" erklärte sie es als Aufgabe des Vereins, dass „wir unseren Consum selber anfertigen und dadurch unseren Männern und Söhnen bessere Arbeitsgelegenheit" geben.[435] Die Männer hingegen forderte sie in einer Agitationsrede auf, „ihr Recht bei den Frauen geltend zu machen und sie zum Beitritt zu bewegen und den Weg zu den Verkaufsstellen nicht zu scheuen, da es sich doch um eigene Ersparnisse handele ... Die Wege ... seien für die Frauen sehr gut, sie dienten der Stärkung der Beine".[436]

Von den Genossenschaften verlangte sie, dass sie sich besonders um die Frauen bemühten. „Denn bei den Genossenschaften kommt es mehr als bei jeder anderen Organisation auf die Mitarbeit der Frauen an. Wichtiger also fast noch als die Aufklärung der Männer ist in diesem Falle die Aufklärung der Frauen." [437]

6.3. Die Debatte um den Anteil weiblicher Angestellter

In den Verkaufsstellen der „Produktion" wurden mehrheitlich Verkäuferinnen beschäftigt. So arbeiteten 1908 bei der „Pro" 183 Verkäuferinnen und 51 Verkäufer. Von den Frauen verdienten 20 das Höchstgehalt von 21 Mark wöchentlich, Verkäuferinnen in der Probezeit erhielten 12 Mark. Bei Verkäufern lag den Höchstlohn bei 30 Mark. Der Mindestlohn betrug 24 Mark pro Woche.[438]

Die Anzahl der Verkäuferinnen führte von Anfang an zu Auseinandersetzungen, in denen Steinbach als Aufsichtsratsmitglied mehrfach die Einstellung von Verkäuferinnen gegenüber den Vereinsmitgliedern verteidigen musste. Der Genosse Schneider fragte, warum weibliche Angestellte beschäftigt werden, „da wir Sozialdemokraten doch die Abschaffung der Frauenarbeit erstreben." Steinbach erklärte ihm, dass es nur um die Abschaffung schädlicher Frauenarbeit ginge. Die „Pro" biete darüber

---

434 S 7290 Bd. 1, 25.8.1905.

435 Ebd., 1.8.1899.

436 Ebd., 29.3.1901.

437 HE Nr. 268, 15.11.1907. Vgl. auch V 350 Bd. 7, 15.1.1908.

438 *Geschäftsbericht für das 10. Geschäftsjahr (1908) des Konsum-, Bau- und Sparvereins „Produktion", S. 88. Von Elm hatte gesagt, dass die Löhne für Verkäuferinnen in anderen Betrieben so niedrig seien, dass die Frauen nur davon leben könnten, wenn sie noch zu Hause wohnten, sonst seien sie oft zur Prostitution gezwungen. Vgl. S 7290 Bd. 1, 30.12.1903.*

hinaus Betätigungsmöglichkeiten für die Frau, die sonst „politisch doch entrechtet" sei.[439]

In der halbjährlichen Generalversammlung im September 1901 sagte der Genosse Friedrichs, dass er die Anstellung von weiblichem Personal für einen Fehler halte. Steinbach wies die Beschwerde wegen des „Prinzips der Gleichberechtigung" zurück.[440] Erledigt war das Thema damit nicht. Mehr als zwei Jahre später musste Steinbach die Einstellungspolitik der „Pro" erneut mit dem Hinweis verteidigen, „daß die Frauen heute nicht mehr ausgeschaltet werden können, man muß mit ihnen auf allen Gebieten rechnen".[441]

6.4. Im Spannungsfeld zwischen gewerkschaftlichen Forderungen und den Zwängen des kapitalistischen Systems

Innerhalb der bestehenden Wirtschafts- und Gesellschaftsordnung war es den Genossenschaften, also auch der erfolgreichen „Produktion", nicht möglich, den gewerkschaftlichen Genossenschaftszielen gerecht zu werden. Das betraf insbesondere die Löhne und die tägliche Arbeitszeit. Aber die Annäherung an die ortsüblichen Löhne war so auch eine (ungewollte) „Integration der Arbeiterschaft in Staat und Gesellschaft".[442]

Die Qualität der Waren, wie auch Steinbach immer wieder hervorhob, war allerdings sehr hoch. Es gelang den Genossenschaften aber nicht, zusätzlich niedrige Tagespreise zu garantieren. Die Möglichkeiten der Preisgestaltung waren gering. Steinbach behauptete dennoch wiederholt, „daß wir unseren Mitgliedern die Lebensbedürfnisse bedeutend billiger liefern können".[443]

Aber nicht nur bei der Preisgestaltung der Waren und der Abschaffung der „Dividendenjagd" - die „Pro" fand mit dem System der „Rückvergütung" einen Kompromiss zwischen Geschäftsführungs- und Mitglieder-

---

439 HE Nr. 23, 28.1.1900. Dem „Echo" schrieb eine Woche später Schneider, der Vorwurf werde von den Gegnern der „Produktion" gemacht, er habe nur eine Richtigstellung gewollt. HE Nr. 29, 4.2.1900. Tatsächlich hatte sich das „Deutsche Blatt" über ein Stellenangebot der „Pro" für Verkäuferinnen mokiert: Ob die „Pro" nicht wisse, dass es „tausende beschäftigungsloser Handlungsgehilfen" gäbe und hatte die Frage gestellt, ob die Genossenschaft auf die Weise einen höheren Profit erzielen wolle. Deutsches Blatt Nr. 95, 29.11.1899.

440 HE Nr. 230, 2.10.1901.

441 S 7290 Bd. 1, 30.12.1903. Auch 1910 wurde noch einmal gefordert, bei der Eröffnung neuer Verkaufsstellen kein weibliches Personal einzustellen, weil der Vater in erster Linie den Lebensunterhalt verdienen müsse. Vgl. S 7290 Bd. 2, 1.4.1910. Vgl. auch ebd., Wirtschaftsvigilanzbericht von Schutzmann Rau, 5.1.1914.

442 Ahrens, S. 159.

443 Ebd., S. 35ff. Steinbach über bessere Qualität und günstigere Preise der Waren, vgl. beispielsweise S 7290 Bd. 1, 1.8.1899 und 24.4.1904. Vgl. auch Mendel/Rieger, S. 46.

interessen [444] - gab es Konflikte zwischen den Forderungen an die Genossenschaften und den Zwängen des kapitalistischen Systems. Steinbach sah sich mehrfach mit den Forderungen der Gewerkschaften konfrontiert, die von den Genossenschaften als Arbeitgeber eine Vorbildfunktion erwarteten. In diesen Debatten vertrat Steinbach den Standpunkt der Genossenschaftsführung, der ihr den Vorwurf eintrug, einseitig nur die Konsumenteninteressen zu berücksichtigen. [445]

So gab sie in der Generalversammlung im Frühjahr 1904 zu, dass es nicht möglich sei, die Forderungen der Gewerkschaften nach einer Verschiebung der Ladenöffnungszeit von 7.30 Uhr auf 8 Uhr zu erfüllen. Sie erklärte ihre Ablehnung damit, dass sie zwar dem Personal durchaus Erleichterung verschaffen wolle, aber eben auch mit der Konkurrenz rechnen müsse und die Hausfrauen zum Teil noch vor Schulbeginn einkaufen wollten. Sie sagte weiter: „... daß es doch auch schon eine Befriedigung für unsere Angestellten sein muß, wenn sie durch ihre Tätigkeit zum Gedeihen unseres großen Werkes beitragen können, sie sind ja auch Mitglieder. Ihre Lage hat sich schon stetig gebessert, die vieler Tausender von Arbeitern aber noch nicht." Steinbach fragte, ob es zu viel verlangt sei, dass sie um halb acht in der Verkaufsstelle sein sollten, wo andere um 4 Uhr aufständen. [446]

Auf dem Stuttgarter Genossenschaftstag 1905 lehnte sie die Einführung des seit Jahren von den Gewerkschaften geforderten Achtstundentags ab. [447] Sie sagte, sie sei zwar für den Achtstundentag, aber die Verhältnisse seien nicht so. Auch die Forderung nach dem Ladenschluss um 8 Uhr lehnte sie ab. „Als Frau muß ich sagen: der Achtuhrladenschluß ist am Sonnabend und an den Abenden vor Festtagen nicht möglich ... Durchführbar wäre der Beschluß nur, wenn der Achtuhrladenschluß allgemein gesetzlich festgelegt wäre. Auch die völlige Sonntagsruhe halte ich bei der heutigen Lage der Verhältnisse für schwer möglich." [448] Das war de facto das Zugeständnis, sich dem bestehenden System anpassen zu müssen.

Ihr Zurückweisen der Forderung der Holzarbeiter, alle Arbeiten für die „Produktion" von Hamburger Firmen ausführen zu lassen, [449] zeigt, dass sie bereit war, für die Geschäftsinteressen der Genossenschaften, gewerkschaftliche Forderungen hintenanzustellen. Im „Echo" erklärte sie: „Die

---

444 *Ahrens, S. 48 u. S. 136.*

445 HE Nr. 144, 23.6.1905, Bericht über den 2. ordentlichen Genossenschaftstag des Zentralverbandes deutscher Konsumvereine, Stuttgart 1905.

446 S 7290 Bd. 1, 2.4.1904, HE Nr. 80, 6.4.1904.

447 Schult, S. 268. Die Forderung wurde bei der ersten Maifeier 1890 aufgestellt.

448 *HE Nr.144, 23.6.1905. Nachfolgende Redner warfen Steinbach „Geschäftsopportunismus" vor und sagten, dass die vorhandenen Zustände geändert und nicht konserviert werden müssten.*
449 V 350 Bd. 6, 17.8. und 31.8.1905.

Genossenschaften seien durch die Bank nicht kapitalistisch, aber sie wollten auch nicht unter ein Ausnahmegesetz gestellt werden ... [und] würden
stets bestrebt sein, Hand in Hand mit den Gewerkschaften zu beiderseiti-
gem Wohle zu arbeiten." [450]

Die grundsätzlichen Differenzen zwischen Gewerkschaften und Genossenschaften über die Regelung der Arbeitsverhältnisse wurden erst 1911
durch Vereinbarungen zwischen den beiden Arbeiterorganisationen besei-
tigt.[451] Steinbach sah sich seit Gründung der „Produktion" in erster Linie
als Vertreterin der Konsumenteninteressen, denn diese bildeten das „Fun-
dament der Genossenschaften" und stellte ihre Rolle als Gewerkschafterin
bei Konflikten dahinter zurück.

7. Rezeption und Würdigung des Steinbachschen Wirkens durch Ihre Zeitgenossen und in der Weimarer Republik

Helma Steinbach starb 71jährig am 7. Juli 1918 während eines Erholungs-
urlaubs in Glüsing bei Lauenburg an Herzversagen. Vier Tage später wurde sie auf dem Ohlsdorfer Friedhof eingeäschert. Die Feier, an der etwa
200 Menschen teilnahmen, wurde von Wachtmeister Rau für die Politische Polizei beobachtet.[452] Nach einem Harmoniumspiel hielt der Genossenschafter Rieger die Grabrede, in der er vor allem Steinbachs Wirken
für die „Produktion" und die SPD hervorhob." Weitere Kundgebungen
bzw. Reden wurden nicht gehalten", notierte Rau. Beendet wurde die Be-
erdigung mit „der Toten Lieblingslied: ,Ein Sohn des Volkes'".[453]

Das „Echo" schrieb über die Bestattung: „Des Werktags wegen konnten
die Tausende aus Fabrik und Werkstatt, denen die Verstorbene ein volles
Menschenalter hindurch eine selbstlose Führerin und Helferin war und
die so oft begeistert zu ihnen sprach, wenn es galt, dem Volk der Arbeit
sein Recht zu erkämpfen, nicht kommen. Aber im Herzen - das wissen
wir - da wird aus Fabrik und Werkstatt, von Amboß und Schraubstock
manch treues Gedenken hinausgesandt sein nach dem Ohlsdorfer Krema-
torium." [454]

---

450 *HE Nr. 204 , 1.9.1905.*

451 *Fricke, S. 1053, spricht in diesem Zusammenhang auch noch einmal die Rolle von Elms an.*

452 S 2009, 11.7.1918.

453 HE Nr. 161, 12.7.1918.

454 Ebd.

Todesanzeige ihrer Gewerkschaft

In zahlreichen Nachrufen, die in der sozialdemokratischen Presse erschienen, wurde ihr Wirken für die Arbeiterbewegung gewürdigt. Ganz nach dem Sprichwort vom Propheten, der im eigenen Land nichts gilt, war der Nachruf im „Hamburger Echo" verhältnismäßig kurz und in der Aussage über ihre politische, gewerkschaftliche und genossenschaftliche Tätigkeit sehr allgemein gehalten.[455] Der Autor beschrieb Steinbachs Charakter: „Eine Natur, wie Helma Steinbach es war, steht nicht im Leben wie ein Maientag. Sie hat ehrlich gehaßt, was ihr schlecht und verderblich erschien; sie hat aber auch unerschütterlich Treue gehalten allen denen, die ihr näher traten."

Gemeinsam ist den Nachrufen im „Echo", der „Leipziger Volkszeitung" und in der „Konsumgenossenschaftlichen Rundschau", dass sie „die Art der nun Gestorbenen, ihre Anschauungen zu vertreten und gegenteilige zu bekämpfen",[456] nicht ohne damit manches Mal den Erfolg ihrer Arbeit zu beeinträchtigen, nicht beschönigten.

Der ausführlichste Nachruf erschien im Feuilleton der „Leipziger Volkszeitung". Sie schrieb, dass Helma Steinbach über „ein seltenes agitatorisches Talent, einen scharfen Verstand, eine stürmische Energie und eine

---

455 HE Nr. 159, 10.7.1918. Der Nachruf im „Vorwärts" Nr. 189, 12.7.1918 war nur eine gekürzte Fassung dieses Artikels.

456 *Konsumgenossenschaftliche Rundschau Nr. 28, 13.7.1918. Nur die von Marie Juchacz herausgegebene „Gewerkschaftliche Frauenzeitung" (Nr. 15, H. 7.1918) und die „Gleichheit" (Nr. 22, 2.8.1918) gingen über die eher unangenehmen Seiten Steinbachs stillschweigend hinweg.*

zähe Geduld" verfügte, ihr aber leider der Humor gefehlt habe. „Die Lebenserfahrungen hatten ihr nicht verstehende und verzeihende Milde gebracht, vielmehr einen Niederschlag von Bitterkeit in der Seele zurückgelassen, die ihrem allseitig schlagfertigen, drastischen Witz oft einen scharfen Beigeschmack gab. Genossin Steinbach war eine viel zu herbe, scharf geprägte, eigengewachsene Persönlichkeit, um nur Freunde in der Arbeiterbewegung zu haben." [457]

Steinbach wurde nicht nur als bekannte und begabte Agitatorin für die Arbeiterbewegung gerühmt, sondern auch für ihre „selbstlose" und unermüdliche Einsatzbereitschaft. Die „Gleichheit" schrieb: „So hat sie länger als drei Jahrzehnte in dem Vordergrund der proletarischen Bewegung Hamburgs gestanden. Sie hat in dieser Zeit wohl in keiner größeren Versammlung Hamburgs gefehlt. Es ist kein größeres Ereignis in der Partei-, Gewerkschafts- oder Genossenschaftsbewegung eingetreten, bei dem sie nicht tätig war." [458]

Der Artikel in der Leipziger Volkszeitung enthielt auch die differenzierteste Darstellung über den Werdegang Steinbachs sowie über ihren Einfluss in der sozialdemokratischen Arbeiterbewegung. Hervorgehoben wurde vor allem Steinbachs Einsatz für die gewerkschaftlichen Organisationen, besonders die Gründung des Plätterinnen-Vereins. Allerdings wurde hier, wie auch im Nachruf der „Gewerkschaftlichen Frauenzeitung", die Gründung des Vereins von 1890 auf das Jahr 1888 vorverlegt. Darüber hinaus sprachen beide Zeitungen fälschlicherweise von einem „Verband der Plätterinnen und Wäschearbeiter", also von einem gemischtgeschlechtlichen Verein. Nicht vergessen wurde, dass Steinbach auf dem ersten Gewerkschaftskongress in Halberstadt dafür gesorgt hatte, dass Arbeiterinnen als gleichberechtigte Mitglieder aufgenommen werden mussten. Einigkeit bestand auch darüber, dass dieser Beschluss „sein gutes Teil dazu beigetragen [hat], die Eingliederung der Arbeiterinnen in die Gewerkschaften und die Mitarbeit der Frauen in ihnen zu fördern".[459]

Die „Leipziger Volkszeitung" stellte aber auch fest, dass Steinbachs Einfluss in der Partei im Gegensatz zur Gewerkschafts- und Genossenschaftsbewegung „weniger stark und hervorstehend" gewesen sei. Da die „Leipziger Volkszeitung" das Forum der Parteiopposition war, ist es nicht verwunderlich, dass die Kritik an Steinbachs Verhalten während des Weltkriegs besonders harsch ausfiel: „Mit zunehmender Entschiedenheit ist die Genossin Steinbach bemüht gewesen, die Arbeiterbewegung in die

457 *Leipziger Volkszeitung Nr. 142, 26.7.1918.*

458 *Die Gleichheit Nr. 22, 2.8.1918.*

459 *Leipziger Volkszeitung Nr. 142, 26.7.1918. Die Gewerkschaftliche Frauenzeitung Nr.15, 17.7.1918, schrieb: „Diese grundsätzliche Stellungnahme hat wesentlich dazu bei getragen, den weiblichen Arbeitsgenossen die Gleichberechtigung in den gewerkschaftlichen Organisationen zu sichern."*

Richtung einer opportunistischen Tagespraxis zu drängen. So war es der natürliche, konsequente Abschluss ihrer Entwicklung, dass sie von dem verhängnisvollen August 1914 an zur leidenschaftlichen Verfechterin nationalistischer Durchhaltepolitik wurde, nachdem sie sich kurz vorher aus bürgerlich pazifistischen Gedankengängen heraus dafür ereifert hatte, dass ein sozialistischer Künstler kein harmloses Florett malen dürfe, da es ein ‚Rüstzeug der Barbaren‘ sei. Genossin Steinbach brauchte wahrhaft nicht ‚umzulernen‘, als sie ihr Schifflein mit der Strömung der Sozialimperialisten treiben ließ. Indem sie die Grundsätze des internationalen Sozialismus preisgab, blieb sie sich selbst treu.“ Die anderen Artikel erwähnten weder Steinbachs pazifistischen Hintergrund noch ihre linientreue gegenüber der Burgfriedenspolitik.

Die „Gewerkschaftliche Frauenzeitung“ benannte das schwierige Problem der Bewertung von Helma Steinbachs Wirkung: „Helma Steinbach teilt das Schicksal aller bisher verstorbenen Agitatorinnen in der Arbeiterinnenbewegung. Das, was sie im Dienst der Menschheit geleistet haben, kommt in dem Erfolg, d.h. in dem ziffernmäßigen Bestand der Organisation nicht voll zum Ausdruck.“ [460] Das galt nicht nur für die Arbeiterinnenbewegung, sondern auch für Steinbachs Anteil am Aufbau der „Produktion“, bei dem es „schlechterdings unmöglich ist“ [461] ihren Anteil von dem von Elms zu trennen.

Der im „Echo“, der „Gleichheit“ und der „Gewerkschaftlichen Frauenzeitung“ geäußerte Wunsch, dass die Tätigkeit Steinbachs nicht in Vergessenheit geraten, sondern als Vorbild dienen solle, erfüllte sich, als am 22. Juni 1930, knapp zwölf Jahre nach ihrem Tod, am Haus Milichstraße 1 in einer zum Kraftwerk Schulau gehörenden Werkssiedlung eine Bronze-Plakette mit einem Portrait Helma Steinbachs enthüllt und die Siedlung nach ihr benannt wurde. Auf der Plakette stand: „Einer Vorkämpferin für Sozialpolitik und ein freiheitliches Deutschland zum Gedächtnis“. Bei der Einweihungsfeier erinnerte der Altonaer Oberbürgermeister Max Brauer an eine der „bedeutendsten Frauen, die im Deutschland der Vorkriegszeit richtunggebend waren für eine freiheitliche Entwicklung und für die Herbeiführung sozialpolitischer Gesetze“. Die Benennung „Helma-Steinbach-Siedlung“ wurde gewählt, weil sie sich neben ihrer Agitationsarbeit für die Partei im 6. Schleswig-Holsteinischen Wahlkreis, für die unter „denkbar schlechtesten Bedingungen tätigen Arbeiter und Arbeiterinnen der Zuckerfabrik ...in Schulau“ eingesetzt hatte. [462]

---

460 *Gewerkschaftliche Frauenzeitung Nr. 15, 17.7.1918.*

461 *Leipziger Volkszeitung Nr. 142, 26.7.1918.*

462 *Altonaer Nachrichten 23.6.1930, Frauenwelt, Heft 15, Berlin 26.7.1930, Ausgabe A. In den Akten der Politischen Polizei Hamburgs fanden sich keinerlei Hinweise auf die Agitation unter den Arbeitern und Arbeiterinnen der Schulauer Zuckerfabrik.*

Louise Schröder, seit 1910 Mitglied im SPD-Parteivorstand Altona-Ottensen und Mitglied des Reichstags seit 1920,[463] nannte Helma Steinbach auf dieser Feier eine „Vorkämpferin der Staatsbürgerrechte der Frau".[464] Nur kurze Zeit nach der Machtergreifung durch die Nationalsozialisten wurde die Helma-Steinbach-Plakette am 3. April 1933 von uniformierten Nazis zerstört. Am 20. Juni 1951 fand die Enthüllung einer neuen Helma-Steinbach-Plakette statt. Wiederum nahmen Henry Everling, Max Brauer und Professor Henneberger, der die Plakette gestaltet hatte, an der Feier teil. Toni Rinne, die als Bewohnerin der Siedlung 1933 die Zerstörung der Plakette beobachtet hatte, hatte sich um die Restaurierung bemüht.[465] Außerdem trägt seit dem 10. Juli 1929 eine kleine Straße in HamburgHorn den Namen Helma-Steinbach-Weg, „zu Ehren der unermüdlichen sozialdemokratischen Vorkämpferin und Mitbegründerin der Handelsgesellschaft ‚Produktion' mbH". Damals wurde ein ganzer Straßenzug nach Vertretern der Hamburger Arbeiterbewegung benannt. So existieren dort unter anderem auch ein von-Elm-Weg und eine Legienstraße.[466] 1934 löschten die Nationalsozialisten den Straßennamen aus. Seit dem 1. Oktober 1945 heißt die Straße wieder Helma-Steinbach-Weg.[467] Zusammenfassend lässt sich sagen, dass schon die Nachrufe zum großen Teil nicht über Allgemeinplätze hinauskamen und dass in der Hauptsache nur ihre genossenschaftliche Tätigkeit gewürdigt wurde. Ähnliches gilt auch für die Benennung der Schulauer Werkssiedlung und der Straße in Hamburg-Horn. Als Marie Juchacz [468] in den fünfziger Jahren Helma Steinbach in ihre Sammlung „Lebensbilder führender Frauen des 19. und 20. Jahrhunderts" aufnahm, gelang es ihr offensichtlich nicht, Genaues über Helma Steinbach zu erfahren. Ein großer Teil des Artikels besteht aus einer Beschreibung des Hamburger Hafenarbeiterstreiks 1896/97 und der daraus entstandenen Genossenschaftsgründung. Darüber hinaus ist die Darstellung von Juchacz, dass Steinbach sich besonders für die Hausangestellten einsetzte, falsch.

463 Niggemann, S. 334f.

464 Altonaer Nachrichten 23.6.1930.

465 Der Verbraucher. Konsumgenossenschaftliche Rundschau 5. Jg. (1951) Nr.28 (14.7.), S. 344. Der Mitarbeiter - Konsumgenossenschaft „Produktion" - September 1951.

466 Staatsarchiv Hamburg, Straßennamenkartei.

467 Bengelsdorf: Werden und Wirken der Pro-Stiftung. Ein Beitrag zur 150jährigen Geschichte Hamburger Verbraucherzusammenschlüsse, Hamburg 1990, S. 89.

468 Juchacz, S. 68f.

8. Schlussbemerkung

Im Kaiserreich war Gleichberechtigung zwar kein Fremdwort mehr, aber kaum mehr als eine Utopie. Das herrschende Frauenbild wies der Frau Haushalt und Familie als Wirkungsraum zu. Das Bürgerliche Gesetzbuch legte die rechtliche Ungleichheit der Frau in der Familie fest. In den meisten Regionen Deutschlands durften Frauen sich auf Grund der rigiden Vereinsgesetzgebung nicht einmal politisch betätigen. Hamburg bildete hier eine Ausnahme. Die einzige politische Partei im Kaiserreich, die sich für die Gleichberechtigung einsetzte, war die SPD.

Ihre kleinbürgerliche Herkunft prädestinierte Helma Steinbach nicht dazu, sich der proletarischen Arbeiterbewegung anzuschließen. Aber die Scheidung machte ihr auf drastische Weise die rechtliche und soziale Unterlegenheit als Frau bewusst. Durch ihre Erwerbstätigkeit lernte sie das Elend der Arbeiterinnen kennen und fand in der Arbeiterbewegung eine Möglichkeit, sich für die Gleichberechtigung, und für eine Verbesserung der Lebensverhältnisse der Arbeiterschaft einzusetzen. Dass sie über dreißig Jahre an exponierter Stelle der Arbeiterbewegung tätig war, ist ohne ihr Selbstbewusstsein, ihren Kampfgeist und ihre Streitlust nicht denkbar. Ihre kleinbürgerliche Erziehung hat ihr wahrscheinlich das Selbstvertrauen und die Redegewandtheit vermittelt, die sie für ihre öffentlichen Auftritte vor Arbeitern und Arbeiterinnen brauchte.

Ihre politische Heimat fand Helma Steinbach in der Gewerkschaftsbewegung. Dort war es ihr möglich, sich direkt für die Verbesserung der Arbeitsbedingungen von Arbeiterinnen einzusetzen. Es spricht für ihre Einsatzbereitschaft und ihre Courage, dass sie sich mit den Plätterinnen eine Gruppe von Arbeiterinnen aussuchte, die nicht nur unter sehr schlechten Arbeitsbedingungen zu leiden hatte, sondern die darüber hinaus besonders schwer zu organisieren war. Ihrer Ausdauer und ihrer festen Überzeugung, die richtige Sache zu tun, ist es zu verdanken, dass sie sich auch von Misserfolgen nicht entmutigen ließ, sondern weiterhin unüberhörbar Agitation für die Gewerkschaftsbewegung und besonders die Arbeiterinnenorganisation betrieb. Die von ihr initiierte „Resolution Steinbach" auf dem Halberstädter Gewerkschaftskongress 1892, die den Grundstein für die gemeinsame Organisation von Arbeitern und Arbeiterinnen legte, weist ihr eine historische Bedeutung über die Arbeiterbewegung Hamburgs und ihre Zeit hinaus zu.

Zunächst hatte Steinbach reinen Frauengewerkschaften den Vorzug gegeben. Sie änderte ihre Meinung, weil sie hoffte, die enormen Schwierigkeiten bei der Arbeiterinnenorganisation mit Hilfe erfahrener Genossen und stabiler Gewerkschaften besser bewältigen zu können. Allerdings wurde die mangelnde Unterstützung und zum Teil frauenfeindliche Haltung männlicher Gewerkschafter zu einer Enttäuschung für Steinbach, die sehr große Hoffnung in den Beschluss des ersten Gewerkschaftskongresses gesetzt hatte. Dennoch stellte Steinbach ihre einmal getroffene grundsätzliche Entscheidung nicht mehr in Frage.

Die verbale Radikalität und Schärfe, mit der Steinbach ihre Ansichten vertrat und ihre Gegner bekämpfte, waren nicht der Ausdruck politischer Radikalität, sondern Folge der politischen Verfolgung, rechtlicher Einschränkung und frauenfeindlicher Tendenzen in der Bewegung, aber auch Ausdruck ihrer starken Persönlichkeit. Tatsächlich sah Steinbach in den angestrebten Reformen nicht den Weg zum Sozialismus, sondern das Ziel.

So lässt sich am Beispiel Steinbachs die Abwendung vieler Sozialdemokraten von einer revolutionären Haltung hin zu einer reformistischen Praxis nachzeichnen. Steinbach hatte sich aus sehr persönlichen und pragmatischen Gründen, aber auch aus einer hohen Erwartungshaltung heraus der Arbeiterbewegung angeschlossen. Als in den 90er Jahren die Hoffnung auf den baldigen Zusammenbruch des Systems schwand, orientierte Steinbach sich mit dem Wachsen der Gewerkschaftsbewegung vor allem an tagespolitischen Erfolgen. In Konflikten zwischen der Gewerkschaftsbewegung und der Partei vertrat sie immer die Position der Gewerkschaften, die für sie die „praktische" Seite der Arbeiterbewegung repräsentierten und denen sie auch die größere Bedeutung bei der Umwandlung der kapitalistischen Ordnung zumaß. Im Neutralitätsstreit, in der Massenstreikdebatte und im Hamburger Akkordmaurerstreit stand sie kompromisslos auf der Seite der Gewerkschaften.

Nachdem trotz stetig ansteigender Mitgliederzahlen der Gewerkschaften und wachsenden Erfolgen der Partei bei den Reichstagswahlen Ende der neunziger Jahre kein Durchbruch für eine entscheidende Verbesserung der Lage der Arbeiterschaft in Sicht war, schien für Steinbach mit der Gründung der „Produktion" endlich ein wirksamer Weg gefunden, das kapitalistische System grundlegend zu verändern und so vor allem die Proletarierfrauen stärker einzubeziehen. Steinbachs Theoriedefizite führten dabei zu einer Unsicherheit in grundsätzlichen Fragen der Parteiideologie und einer Überbewertung der Einflussmöglichkeiten der Genossenschaftsbewegung auf die Wirtschaftsordnung.

Auch ihre Haltung in der Burgfriedenspolitik der Parteiführung und die Abkehrung von ihrer pazifistischen Einstellung lagen in ihrer reformistischen Einstellung begründet. Ebenso wie ihre Kenntnis der sozialistischen Theorie eher oberflächlich war, wurde auch ihr Pazifismus tagespolitischen Notwendigkeiten geopfert. Nach fast dreißig Jahren Kampf für die Arbeiterbewegung war der Wunsch nach Anerkennung als Interessenvertreterin der Arbeiterschaft sehr groß. Dies erklärt, warum sie, wie viele andere Gewerkschafter, das Hilfsdienstgesetz als einen großen Erfolg der Gewerkschaftspolitik ansah.

Ein Ziel dieser Arbeit war es, sichtbar zu machen, dass es neben Clara Zetkin, Ottilie Baader und Louise Zietz viele andere Frauen in der Sozialdemokratie gegeben hat, ohne die eine breite Arbeiterinnenagitation nicht möglich gewesen wäre. Für sie ist Steinbach nur ein Beispiel. Allerdings waren sicher nur wenige Frauen so lange in der Arbeiterbewegung aktiv und überschritten dabei auch lokale Grenzen. Außerdem zeigt sich am Beispiel Steinbachs, dass die Frauen in der SPD keine homogene Gruppe waren. Sie war eine der wenigen Frauen in der SPD, die gegen sogenannte „Sonderrechte" der proletarischen Frauenbewegung opponierte. Im Spannungsfeld zwischen Sozialismus und Feminismus erteilte Steinbach feministischen Bestrebungen eine klare Absage. Da ihrer, bereits sehr früh formulierten, Forderung nach grundsätzlicher Gleichberechtigung der Frau keine tiefgehende Analyse zu Grunde lag, ist es nicht verwunderlich, dass sie sich nicht von Stereotypen über das Wesen und die Rolle der Frau freimachte. [469]

Steinbach war eine vehemente Gegnerin der Kirche und erhoffte sich vom Sieg des Sozialismus die Abschaffung der Religion. Allerdings beschränkte sie sich nicht auf das Hoffen, sondern agitierte auch gegen die Kirche. In Hamburg, der „unkirchlichsten Stadt" im Kaiserreich, war das keine ausgesprochen radikale Position. Problematisch wurde ihre antikirchliche Haltung bei der Landagitation in Schleswig-Holstein. Nachdem am undiplomatischen Verhalten Steinbachs in der Partei deutliche Kritik geäußert worden war, wurde sie in dieser Frage zurückhaltender. Die betont antiklerikale Einstellung fand ihren Gegenpol in der festen Zukunftserwartung einer besseren, nämlich sozialistischen Gesellschaft.

Die Biographie Steinbachs belegt außerdem, dass es eine Tradition politisch engagierter Frauen gegeben hat, lange bevor ihnen politische Rechte zugestanden wurden. Außerdem zeigt sie, welch ungeheuren Mut und Ausdauer es erforderte, trotz rechtlicher Diskriminierung, politischer Verfolgung - Steinbach ging für ihre Überzeugung sogar ins Gefängnis - und trotz Anfeindungen aus dem gegnerischen und dem eigenen Lager, über dreißig Jahre für die Arbeiterbewegung zu kämpfen.

Leider fehlen bis heute vergleichbare Untersuchungen über das Leben anderer Frauen in der Arbeiterbewegung. Es bleibt also die Frage, ob Steinbach eine typische Vertreterin sozialdemokratisch engagierter Frauen war oder eine sogenannte Ausnahmefrau. So gesehen versteht sich diese Arbeit

---

469 *Allerdings weist Niggemann, S. 206f, nach, dass auch Clara Zetkin, die Vordenkerin der sozialistischen Frauenemanzipationstheorie, sich nicht von diesen Stereotypen löste.*

auch als Anregung, die Geschichte von Frauen in der Arbeiterbewegung weiter zu untersuchen.

Über die Autorin

Kerstin Haake hat an der Hamburger Universität Geschichte studiert und wechselte danach in den Journalismus. Auch hier spielen Personen und Persönlichkeiten häufig eine wichtige Rolle, ob in Lokalnachrichten, Wirtschaftsjournalismus und im Nachrichtengeschäft. Helma Steinbach hat den Blick dafür geschärft, dass Frauen oft eine wichtige Rolle spielten und spielen, aber bis heute zu selten dafür gewürdigt werden.

Nach dem Studium hat die Autorin bei verschiedenen Medien gearbeitet, u.a. beim NDR, bei der Financial Times Deutschland und bei Zeit Online. Inzwischen ist sie tätig bei der Deutschen Presse-Agentur, zunächst als Nachrichtenchefin, jetzt als Redakteurin bei den Kindernachrichten.

Abkürzungen

HE   Hamburger Echo
HF   Hamburger Fremdenblatt
NZ   Die Neue Zeit
PTP Protokoll über die Verhandlungen des Parteitags der Sozialdemokratischen Partei Deutschlands
SMH Sozialistische Monatshefte

Quellen- und Literaturverzeichnis

1. Ungedruckte Quellen Staatsarchiv Hamburg Bestand: Politische Polizei

V 43   *Verein zur Vertretung der gewerblichen Interessen der Frauen und Mädchen Hamburgs 1885-1894*

V 227   *Central-Verein der Plätterinnen 1890-1893*

V 228   *Ders., Zahlstelle Winterhude 1890-1895*

V 229   *Ders., Zahlstelle Eimsbüttel 1890/91 (1894)*

V 327-2 *Öffentliche Versammlungen-Zusammenfassungen 1890-1893*

V 327-28 *Öffentliche Versammlungen der Frauen und Mädchen 1890-1891, 1894-1895, 1901*

V 327-86 *Öffentliche Versammlungen der Schneider und Schneiderinnen, Bände 1-3 (1890-1905)*

V 328a   *Sozialdemokratischer Verein für den 2. Hamburger Wahlkreis, Band 2*

V 334a   *Ders., 3. Wahlkreis, Bände 1-31*

V 348   *Agitations-Commission der Frauen und Mädchen Hamburgs 1890-1893*

V 350   *Versammlungen der Delegierten der Gewerkschaften Hamburgs, Bände 1-8*

V 373   *Commission für die Beschaffung von Agitatoren für die sozialdemokratischen Vereine Hamburgs 1891-1894*

V 775   *Verband der Fabrik-, Land-, Hülfsarbeiter und -arbeiterinnen Deutschlands. Sektion der Bleicharbeiter und Plätterinnen Barmbeks.*

S 1053   *Verein zur Vertretung der gewerblichen Interessen der Frauen und Mädchen Hamburgs 1885-1894*

S 13870 *Akte betreffend Sozialdemokratischer Parteitag zu Mannheim 1906*

S 2009   *Helma Steinbach*

S 2493-7 *Referenten für Versammlungen - Allgemeines - Referentenkommission in Hamburg 1891-1914*

S 2968-3 *Freie Volksbühne Hamburg - Altona, Hauptakte*

S 3467   *Tätigkeit der Sozialdemokratie während der Choleraepidemie 1892*

S 3470   *Akte in Sachen des Hamburgischen Versammlungs-und Vereinigungsgesetzes vom 9.5.1893 , Bände 1-2*

S 4475   *Maifeier 1895*

S 4930   *Deutsche Friedensgesellschaft*

S 7290   *Band 1, Konsum-, Bau- und Sparverein Produktion - Versammlungsberichte*

S 8897   *Sozialdemokratische Frauenbewegung 1900-1918, Bände 1-3 Straßennamenkartei*

2. Gedruckte Quellen

2.1. Zeitungen, Zeitschriften

„Altonaer Nachrichten", Jg. 1930.
„Bäcker Zeitung", Jg. 1901.
„Bürgerzeitung", Jg. 1886, 1887.
„Deutsches Blatt", Jg. 1890ff.
„Fachzeitung für Schneider", Jg. 1897
Frauenwahlrecht. Herausgegeben zum ersten Frauentag von Clara Zetkin, 1911.
„Frauenwelt" Heft 15, Berlin 1930, Ausgabe A.
„Freie Presse" (Lübeck), Jg. 1893.
„General-Anzeiger", Jg. 1890/91
„Gewerkschaftliche Frauenzeitung", Jg. 1918.
„Die Gleichheit", Jg. 1916, 1918
"Hamburger Correspondent", Jg. 1898/1900/1906
"Hamburger Echo", Jg. 1890ff.
„Hamburger Fremdenblatt", Jg. 1890ff.
„Leipziger Volkszeitung", Jg. 1918
„Der Mitarbeiter" - Konsumgenossenschaft „Produktion" GmbH, Hamburg, Jg. 1951.
„Norddeutsche Volkszeitung", Jg. 1891
„Die Neue Zeit", 21. und 28. Jg. (1903/1910).
„Reform", Jg. 1890, 1891.
„Sozialistische Monatshefte", 4., 6., 9. Jg. (1900, 1902, 1905).
„Der Verbraucher". Konsumgenossenschaftliche Rundschau. (Hrsg.): Zentralverband deutscher Konsumgenossenschaften, 5. Jg. (1951).
„Vorwärts", Jg. 1916,/1918
„Der Zimmerer", Jg. 1899.

2.2. Berichte, Protokolle

Bericht über die erste sozialdemokratische Frauenkonferenz in Mainz am 15. und 16. September 1900, in: Protokoll über die Verhandlungen des Parteitages der Sozialdemokratischen Partei Deutschlands. Abgehalten zu Mainz vom 17.

bis 22. September 1900, Berlin 1900.

Bericht über die Thätigkeit des Hamburger Gewerkschaftskartells für die Zeit seines Bestehens von 1891-1894, Hamburg 1895.

Geschäftsbericht für das 1. und 2. (ff.) Geschäftsjahr (1899 u. 1900ff.) des Konsum-, Bau- und Sparvereins „Produktion" zu Hamburg, Hamburg 1900ff.

Jahresbericht der vereinigten Vorstände der drei Sozialdemokratischen Vereine und Einzelbericht. Geschäftsjahr 1904 (ff.), Hamburg 1905 (ff.).

„Konsumgenossenschaftliche Rundschau", Jg. 1918.

Protokoll der Verhandlungen des ersten (ff.) Kongresses der Gewerkschaften Deutschlands. Abgehalten zu Halberstadt (ff.) vom 14. bis 18. März 1892 (ff.), Hamburg 1892ff.

Protokoll über die Verhandlungen des Parteitages der Sozialdemokratischen Partei Deutschlands. Abgehalten zu Halle (ff.) vom 12. bis 18. Oktober 1890 (ff.), Berlin 1890ff.

Sammlungen der Verordnungen der freien Hanse-Stadt Hamburg. Bd. 22, Hamburg 1853.

3. Darstellungen

Wolfgang Abendroth: Aufstieg und Krise der Sozialdemokratie, 4. erw. Auflage, Köln 1978.

Werner Ahrens: Das sozialistische Genossenschaftswesen in Hamburg 1890-1914. Ein Beitrag zur Sozialgeschichte der Arbeiterbewegung, Diss. Hamburg 1970. (masch.)

Ulrich Bauche/Ludwig Eiber/Ursula Wamser/Wilfried Weinke (Hrsg.): „Wir sind die Kraft." Arbeiterbewegung in Hamburg von den Anfängen bis 1945, Hamburg 1988.

August Bebel: Die Frau und der Sozialismus, Frankfurt/M. 1985.

Reinhold Bengelsdorf: Werden und Wirken der Pro-Stiftung. Ein Beitrag zur 150jährigen Geschichte Hamburger Verbraucherzusammenschlüsse, Hamburg 1990.

Gisela Bock: Geschichte, Frauengeschichte , Geschlechtergeschichte, in: Geschichte und Gesellschaft 14 (1988), S. 364-391.

Heinrich Bürger: Die Hamburger Gewerkschaften und deren Kämpfe von 1865 bis 1890, zusammengestellt, bearbeitet und herausgegeben von Heinrich Bürger, Hamburg 1899.

Robin M. Dasey: Women workers. Their Employment and Part in the Labour Movement. Hamburg 1880-1914, Diss. London 1985 (masch.).

Elisabeth Domansky: Der „Zukunftsstaat am Besenbinderhof", in: Herzig/ Langewiesche/Sywottek, S. 373-385.

H.W. Eckard: Wahlrecht und Wahlen in Hamburg, in: Manfred Asendorf/ Franklin Kopitzsch/Winfried Steffani/Walter Tormin (Hrsg.): Geschichte der Hamburger Bürgerschaft. 125 Jahre gewähltes Parlament, Berlin 1984, S. 125-134.

Richard Evans: Sozialdemokratie und Frauenemanzipation im deutschen Kaiserreich, Berlin, Bonn 1979.

Ders.: Die Cholera und die Sozialdemokratie: Arbeiterbewegung, Bürgertum und Staat in Hamburg während der Krise von 1892, in: Herzig/ Langewiesche/ Sywottek, S. 203-213.

Ders. (Hg.): Kneipengespräche im Kaiserreich. Stimmungsberichte der Hamburger Politischen Polizei 1892-1914, Reinbek bei Hamburg 1989.

Dieter Fricke: Handbuch zur Geschichte der deutschen Arbeiterbewegung 1869-1917, 2 Bde., Berlin 1987.

Ute Gerhard: Verhältnisse und Verhinderungen. Frauenarbeit, Familie und Rechte der Frauen im 19.Jahrhundert, Frankfurt 1978.

Karen Hagemann: „Proletarierinnen auf zur Tat, damit der Tag des Wahlrechts naht!", in: Plagemann, S. 272-274.

Dies.: Frauenalltag und Männerpolitik. Alltagsleben und gesellschaftliches Handeln von Arbeiterfrauen in der Weimarer Republik, Bonn 1990.

Karin Hausen (Hg.): Frauen suchen ihre Geschichte. Historische Studien zum 19. und 20. Jahrhundert, München 1983.

Arno Herzig/Dieter Langewiesche/Arnold Sywottek (Hrsg.): Arbeiter in Hamburg. Unterschichten, Arbeiter und Arbeiterbewegung seit dem ausgehenden 18. Jahrhundert , Hamburg 1983.

Marie Juchacz: Sie lebten für eine bessere Welt. Lebensbilder führender Frauen des 19. und 20. Jahrhunderts, Berlin, Hannover 1955.

Helga Kutz-Bauer: Arbeiterschaft, Arbeiterbewegung und bürgerlicher Staat in der Zeit der großen Depression. Eine regional- und sozialgeschichtliche Studie zur Geschichte der Arbeiterbewegung im Großraum Hamburg, 1873 bis 1890, Bonn 1988.

Dies.: „Der Bahn, der kühnen, folgen wir, die uns geführt Lassalle", in: Bauche/ Eiber/Wamser/Weinke.

Heinrich Laufenberg: Geschichte der Arbeiterbewegung in Hamburg, Altona und Umgegend, Bd.1, Hamburg 1911, Bd.2, Hamburg 1931.

Hans Georg Lehmann: Die Agrarfrage in der Theorie und Praxis der deutschen und internationalen Sozialdemokratie. Vom Marxismus zum Revisionismus und Bolschewismus, Tübingen 1970.

Detlef Lehnert: Sozialdemokratie zwischen Protestbewegung und Regierungspartei 1848-1883, Frankfurt 1983.

Hilde Lion: Zur Soziologie der Frauenbewegung . Die sozialistische und die katholische Frauenbewegung, Berlin 1926.

Gisela Losseff-Tillmanns: Frauenemanzipation und Gewerkschaften, Wuppertal 1978.

Max Mendel/Josef Rieger: Die „Produktion" in Hamburg 1899-1924. Geschichte einer genossenschaftlichen Konsumvereinigung von der Gründung bis zum fünfundzwanzigsten Geschäftsabschluß, Hamburg 1924.

Max Mendel/Josef Rieger/Walter Postelt: Die Hamburger Konsumgenossenschaft „Produktion" 1899-1949. Geschichte einer genossenschaftlichen Verbrauchervereinigung von der Gründung bis zum fünfzigsten Geschäftsabschluß und ihre Vorläufer, Hamburg 1949.

Wolfgang J. Mommsen: Das Zeitalter des Imperialismus, Frankfurt 1969.

Lina Morgenstern: Frauenarbeit in Deutschland, Teil II., Berlin 1893.

Heinz Niggemann: Emanzipation zwischen Sozialismus und Feminismus. Die sozialdemokratische Frauenbewegung im Kaiserreich, Wuppertal 1981.

Volker Plagemann (Hg.): Industriekultur in Hamburg. Des Deutschen Reiches Tor zur Welt, München 1984.

Klaus Saul: „Verteidigung der bürgerlichen Ordnung" oder Ausgleich der Interessen? Arbeitgeberpolitik in Hamburg-Altona 1896 bis 1914, in: Herzig/Langewiesche/Sywottek, S. 261-282.

Ders.: Methoden antisozialistischer Repression und Agitation 1890-1900, in: Archiv für Sozialgeschichte 1972.

Michael Schneider: Kleine Geschichte der Gewerkschaften. Ihre Entwicklung in Deutschland von den Anfängen bis heute, Bonn 1989.

Klaus Schönhoven: Die Gewerkschaften als Massenbewegung im Wilhelminischen Kaiserreich 1890 bis 1918, in: Ulrich Borsdorf (Hg.): Geschichte der deutschen Gewerkschaften. Von den Anfängen bis 1945, Köln 1987, S. 167-278.

Ders.: Die deutschen Gewerkschaften, Frankfurt 1987.

Johannes Schult: Arbeiter in Hamburg 1890-1919, Hannover 1967.

Jacqueline Strain: Feminism and political Radicalism in the German Social Democratic Movement, 1890-1914, Diss. UC Berkeley 1964 (masch.).

Arnold Sywottek: Der einzig richtige Gradmesser für die Macht der Arbeiterbewegung sind ihre Organisationen, in: Plagemann, S. 161-165.

Volker Ullrich: Die Hamburger Arbeiterbewegung am Vorabend des ersten Weltkrieges bis zur Revolution 1918/19. 2 Bände, Diss. Hamburg 1976 (masch.).